Franz Josef Wetz

DIE KUNST DER RESIGNATION

Klett-Cotta

Klett-Cotta
© J. G. Cotta'sche Buchhandlung Nachfolger GmbH, gegr. 1659,
Stuttgart 2000
Alle Rechte vorbehalten
Fotomechanische Wiedergabe nur mit Genehmigung des Verlags
Printed in Austria
Umschlaggestaltung: Klett-Cotta-Design
Umschlagbild: Michelangelo Bounarroti: «Der Atlas-Sklave» /
© AKG, Berlin
Gesetzt aus der 11 Punkt Adobe Garamond
von topset Computersatz, Nürtingen
Auf säure- und holzfreiem Werkdruckpapier gedruckt
und gebunden von Wiener Verlag, Himberg
ISBN 3-608-94252-1

Die Deutsche Bibliothek — CIP-Einheitsaufnahme
Ein Titeldatensatz für diese Publikation ist bei der Deutschen
Bibliothek erhältlich.

Inhalt

Sinnverluste der Moderne
Große Versprechen — die Versprecher des Lebens
7

Last des Lachens
Die Waffen der Heiterkeit
44

Bringt Wissen Glück?
Jenseits der Illusionen
71

Vergeblichkeit der Welt
Die Beseitigung des Sinnbechers
110

Kunst der Genügsamkeit
Sinnbilder am Nullpunkt des Sinns
155

Anmerkungen
185

Abbildungsnachweis
193

Sinnverluste der Moderne

Große Versprechen —
die Versprecher des Lebens

Ohne Sinn — und trotzdem glücklich: Das ist die Kunst der Resignation. Aber wie kann man diese erlernen, da sich doch Sinnlosigkeit und Glück auszuschließen scheinen?

«Alles ist sinnlos» lautet ein Ausspruch, der den heutigen Menschen leicht von den Lippen geht, ohne daß sie immer genau wissen, was sie damit sagen. Inhaltlich beziehen sie mit diesem harten Urteil den Standpunkt eines Nihilisten, dem zufolge alles umsonst ist, die Welt im großen und ganzen, der Mensch eingeschlossen, sinnlos existiert. Doch welchen Sinn haben wir denn Leben und Welt einst zuerkannt, daß durch seinen Verlust heute vielen Menschen die Wirklichkeit im kalten Licht absoluter Sinnlosigkeit erscheint? Welchen Sinn hatten wir in der Wirklichkeit entdeckt, daß dessen Entzug ein Lebens- und Weltgefühl der Leere, Nichtigkeit und Vergeblichkeit hervorruft?

Sinnlosigkeit ist ein anmaßendes, ja, überhebliches Wort, bedeutet es doch nicht nur, daß Leben, Welt und Geschichte ohne Sinn existieren. Dafür genügte bereits die nüchterne Feststellung, daß sie sinnfrei und wertneutral seien. Im Begriff Sinnlosigkeit aber steckt zudem eine Anklage, der Vorwurf, daß die Wirklichkeit unseren Ansprüchen nicht genüge, menschliche Sinnbedürfnisse unerfüllt lasse. So verstanden meint Sinnlosig-

Für wertvolle Ratschläge und freundliche Unterstützung danke ich Thomas Holz, Christian Ried, Joachim Velten.

keit mehr als das bloße Fehlen von Sinn, es drückt zugleich eine Mangelerscheinung aus, eine Entbehrung, eine unbefriedigte Sehnsucht oder Enttäuschung. Alle Enttäuschung ist unerfüllte Erwartung! Darum heißt über Sinnlosigkeit klagen auch soviel, wie der Wirklichkeit vorhalten, daß sie uns Sinn vorenthält. Jedoch was meint das Wort Sinn überhaupt? Hier seien vier Bedeutungen unterschieden.

Sinn

Zuerst und im einfachsten Falle bedeutet Sinn soviel wie Inhalt möglichen Verstehens. So sprechen wir vom Sinn sprachlicher Zeichen und anderer Symbole. Wir fragen nach dem Sinn einer Aussage und verwenden dabei den Sinnbegriff, um die Bedeutung einer Äußerung oder eines Textes, einer mathematischen Formel ebenso wie eines schönen Kunstwerks zu bezeichnen. In all diesen Fällen spricht man von Sinnverstehen, Sinnbildern, Bildsinn, Schriftsinn und ähnlichem mehr.

Anders dagegen wird der Sinnbegriff gebraucht, wenn von Sinn für Geschichte und Kunst, von Sinn für Mathematik und fürs Angebrachte die Rede ist. Hier kennzeichnet der Ausdruck Sinn eine besondere Empfänglichkeit und Empfindlichkeit, ein ausgeprägtes Gespür und Interesse des einzelnen für bestimmte Wissensgebiete oder Lebenssituationen. Körperlichen Sinnesorganen gleich benennt der Sinnbegriff in diesem Zusammenhang eine besondere Fähigkeit des Menschen.

Davon unterschieden ist wiederum der sogenannte alltägliche Sinn, über den wir kein Wort zu verlieren brauchen, weil er sich fast von selbst versteht. Schon lange bevor wir uns selbst kennen, haben wir auf selbstverständliche Weise teil am Sinn der Kultur, in der wir leben, mit der wir vertraut und in der wir zuhause sind. Zur Eigenart dieses Alltagssinns, auf den wir erst aufmerksam werden, wenn er uns abhanden kommt, gehören eine merkwürdige Unausdrücklichkeit und Unauffälligkeit. Darum sagt man auch: Ein Leben mit Sinn fragt nicht danach. Tatsächlich bedeutet Sinn im Alltag soviel wie Selbstverständlichkeit und Vertrautheit. An dem Ort, an dem man lebt, trägt das meiste um einen herum solche Konturen des Selbstverständlichen — die Straßen, Menschen, Häuser und Geschäfte. Hier sind wir an das meiste gewöhnt; alles versteht sich von selbst. Das gleiche gilt für die Überlieferung und Geschichte, die uns gewissermaßen von hinten tragen. Solche Alltagswelt, in der wir uns Tag für Tag bewegen, bleibt unbemerkt, unhinterfragt, von uns selbst und anderen nicht durchschaut, weder erkannt noch verstanden, ohne daß wir uns dessen stets bewußt sind, und vermittelt gerade auf diese Weise ein Gefühl der Geborgenheit und des Behagens.

Dabei ist der unauffällige Sinn unserer lebensnahen Welt keineswegs überschwenglich; seine Versprechen fallen eher bescheiden aus. Der große Gestus liegt der Alltagswelt fern, die Frage nach dem letzten Sinn und höchsten Zweck stellt sie zumeist nicht — einziges wichtiges Merkmal ist gerade ihre Selbstverständlichkeit, die eben nicht das Verständliche oder Verstandene ist. Im Gegenteil besteht die alltägliche Sinnwelt aus einem Geflecht eingeübter Tätigkeiten, Handgriffe und Lebensordnungen, die keiner weiteren Regelung bedürfen — Routinen, die im gewohnten Lauf der Dinge unbemerkt bleiben. Darin erscheint bald alles so, als müsse es so sein, obgleich vieles anders und besser sein könnte — schlimmer aber auch. Zweifellos kommt vieles im Leben anders, als man denkt; doch so denkt man im vertrauten Alltag nicht, in dem es nur gibt, worüber man spricht und woran man denkt; worüber man nicht spricht und woran man nicht denkt, das scheint hier nicht zu existieren.

Nun ist der geschichtlich bestimmte Alltagssinn, für den ein Mangel an Ausdrücklichkeit charakteristisch ist, ein Grenzbegriff, auch wenn er keine übertriebenen Sinnzusagen enthält und nicht einmal das schlichte Ausbleiben von Enttäuschungen verspricht, die niemandem im Leben erspart bleiben. Trotz zahlloser Selbstverständlichkeiten sind wir Menschen gezwungen, unser Dasein häufig zu improvisieren in einer Welt, die, von uns selbst gemacht, dennoch eine Menge unmenschlicher Züge trägt, eine unbestimmte Härte und Kälte ausstrahlt. Auch das gehört zur Alltagswelt, die vielen grau und damit wenig anheimelnd erscheint, wodurch leicht die Sehnsucht nach einer anderen, besseren Wirklichkeit entsteht.

Mit diesem Heimweh nach einem fernen, heilen Land ist schließlich der vierte Sinnbegriff verbunden. Solchem liegt die Frage nach dem Sinn des Lebens, der Geschichte und der Welt zugrunde. Jetzt besagt Sinn soviel wie höchster Wert, absoluter Zweck und letztes Ziel, als ob allem eine besondere Absicht innewohne, die den Dingen überhaupt erst einen Wert verleihe. So richtig es ist, daß die Frage nach dem Sinn des Daseins und der Welt, inhaltlich gesehen, zu den ältesten philosophischen Problemen gehört, welche seit jeher Mythos, Religion und Metaphysik durch erzählerische und begriffliche Überhöhungen der sinnwidrigen Wirklichkeit zu lösen suchen, wortgeschichtlich betrachtet sind die Formeln «Sinn des Lebens», «Sinn der Welt», «Sinn des Todes», auch «Sinn der Geschichte» noch verhältnismäßig jung. Erst seit Beginn des vorletzten Jahrhunderts tritt der Sinnbegriff schrittweise an die Stelle des im 18. Jahrhundert weit verbreiteten Wertbegriffs, um dann an der Wende vom 19. zum 20. Jahrhundert sich als Frage nach dem «Sinn des Lebens» überall durchzusetzen. Allerdings wird zu dieser Zeit die Sinnfrage meistens nur gestellt, um die allgemeine Sinnlosigkeit von Leben und Welt hervorzuheben, nicht aber mit der Hoffnung, bei der Sinnsuche das Absolute, Letzte und Grundlegende zu erreichen. So verstanden trat die Sinnfrage erst in dem Augenblick auf, als die Möglichkeit eines letzten und umfassenden Sinns verschwand. Die Sinnfrage drängte sich demnach damaligen Intellektuellen genau zu dem Zeitpunkt auf, als diese begannen, sich im Vorläufigen und Vergänglichen einzurichten.

Wie schon Jahrhunderte zuvor nehmen sich in der Gegenwart besonders die Religionen der großen Sinnfrage an, mögen auch ihre Antworten viele heute nicht mehr überzeugen. In einer Zeit zunehmender Metaphysikfeindlichkeit und abnehmender Religiosität ist nicht einmal das Nachdenken über den Sinn der Welt noch selbstverständlich. Diesbezügliche Nachfragen rufen mittlerweile lediglich bei Jugendlichen einer bestimmten Altersgruppe noch zustimmende Resonanz hervor. Diese fahren dann, mit Ruck- und Schlafsack ausgerüstet, gerne zu den großen Kirchentagen, denen sie jedoch wenige Jahre später wieder fernbleiben. So entfaltet sich das heutige Dasein: Mit siebzehn ist man das erste Mal verliebt, mit achtzehn fragt man nach dem Sinn des Lebens und mit neunzehn macht man Abitur, womit das eigentliche Erwachsenwerden beginnt, mit dem bei den meisten das umfassende Fragen nach dem Sinn verabschiedet wird. Daher stehen in der Einleitung zahlreicher religiöser Werke unserer Zeit oft erschütternde Existenzerfahrungen, welche die Frage nach dem Sinn der Welt erst einmal wecken wollen. Anders verhielt es sich in der Tradition, die gleich «zur Sache» kam — an den Anfang eine Erkenntnis von Gott stellte, dann den Aufbau seiner Schöpfung und schließlich die Unsterblichkeit der menschlichen Seele behandelte.

Es ist ein kulturgeschichtlicher Gemeinplatz, daß Philosophie entweder aus Verwunderung über die Welt oder aus Besorgnis um das eigene Dasein entsteht. Heute fragt man statt dessen nach dem Sinn der Wirklichkeit und des Lebens, sei es um die verlorenen Antriebe der Metaphysik und Religion wieder zu entdecken oder schlicht um die absolute Sinnlosigkeit des Ganzen festzustellen.

Sinnkrise

Für die Sinnkrise der abendländischen Kultur sind ganz unterschiedliche Kräfte verantwortlich, von denen hier lediglich vier genannt seien. Erstens wird an den großen Sinnbauten der überkommenen Religion und Metaphysik gerügt, daß sie die Grenzen menschlichen Erkennens unzulänglich berücksichtigen würden. Man meint, sie überschritten den Bereich des Erkennbaren, der auf das weltlich Erfahrbare beschränkt bleibe. Folglich seien alle Schriften, die keinen auf sinnliche Erfahrung gestützten Gedankengang enthielten, nichts als Blendwerk und Täuschung.

Zweitens gelten gerade im 20. Jahrhundert religiös-metaphysische Aussagen oftmals als sinn- und gehaltlos. Man glaubt, religiös-metaphysische Systeme überstiegen die Sphäre des sinnvoll Denk- und Sagbaren. Es heißt, die Anhänger von Religion und Metaphysik hätten vergessen, ihren Sätzen eine Bedeutung zu geben. Das ist wohl die schärfste unter allen denkbaren Kritiken. Denn werden Religion und Metaphysik sonst eher für unzeitgemäß und unbedeutend gehalten, so gelten sie hier zusätzlich als bedeutungslos. Es heißt, sie zeugten von einer Konfusion des Denkens und einem Mißbrauch der Sprache, und seien wie die meisten philosophischen Probleme Ausdruck grundlegender Mißverständnisse bezüglich gewisser Begriffe, die wir im alltäglichen Sprachgebrauch größtenteils unreflektiert verwendeten. Wenn das stimmt, dann antworten die großen Sinnversprechen weniger auf Restprobleme als vielmehr auf Scheinprobleme. Ihre Zurückweisung hätte unter dieser Bedingung nichts mehr von einem Tabu, sondern müßte als Weigerung verstanden werden, Unsinniges zu tun. Doch wer die Auffassung vertritt, daß der Ausdruck Sinn als Inhalt möglichen Verstehens auf die Begriffe Leben, Welt und Geschichte genausowenig paßt wie der Farbausdruck «blau» auf Zahlen, der behauptet näher betrachtet nicht nur, daß es unsinnig sei, in Natur und Geschichte einen

Sinn finden zu wollen, sondern auch, daß diese absolut sinnlos seien.

Eine wieder andere Form der Auflösung von Religion und Metaphysik enthalten drittens fast alle Theorien, welche beide auf ihnen vorausliegende Größen und Ereignisse zurückführen, die dann als Bedingungen für ihre Möglichkeit zugleich als Nachweis für ihre Relativität, Ungültigkeit und Scheinhaftigkeit gelten. Hier fallen die großen Sinnbauten einem entlarvenden Rückgang auf ihre Ursprünge zum Opfer, bei dem sie als Fiktionen demaskiert werden. Das angestrebte Ziel heißt dabei, die Menschen von selbst erdachten Illusionen zu befreien, auf denen sie ihre Hoffnungen errichtet hätten. In diesem Zusammenhang werden die alten Sinngebäude oftmals pathologisiert, als Symptom einer Krankheit oder eines falschen Bewußtseins freigelegt. Seit dem 19. Jahrhundert fehlt es nicht an derartigen Bemühungen, sie auf psychische und anthropologische Phänomene wie Angst, Sorge, Hilf- und Schutzlosigkeit zu reduzieren oder sie einfach als das Ergebnis sozio-ökonomischer Verhältnisse zu desavouieren. Heute herrscht keinerlei Mangel an solchen Widerlegungsversuchen.

Hinzu kommt viertens, daß sich religiös-metaphysische Sinnannahmen mit dem Wirklichkeitsbild der modernen Naturwissenschaften, zu dem es keine ernsthafte Alternative gibt, nur schwer vereinbaren lassen. Der alte Streit zwischen Wissen und Glauben wurde keineswegs beigelegt, wie oftmals behauptet wird, sondern er wurde lediglich beiseite gelegt.

Alles in allem scheint in der Moderne die Erkenntnis absoluter Sinnlosigkeit von Leben, Welt und Geschichte zur fast unbezwingbaren Gewißheit gelangt zu sein. Wenn das stimmt, dann stehen wir heute in Europa vor einer radikal-säkularen Kultur, das heißt: vor einem Jahrtausend ohne Gott.

Säkularisierung

Ursprünglich bedeutete Säkularisierung soviel wie Entlassung einer Ordensperson in die Welt. Anschließend diente dieser Begriff zur Kennzeichnung der Entlassung von Land und Eigentum aus kirchlicher Kontrolle. Heute steht er vor allem für die Trennung von Staat und Kirche, für die Unabhängigkeit der Politik von der Religion, die Emanzipation des Rechts, der Bildung, Kunst und Wissenschaft von der Autorität der christlichen Kirchen. Dann aber bedeutet Säkularisierung auch und vor allem Abschwächung des kirchlichen Einflusses auf verschiedene gesellschaftliche Bereiche. Moderne Demokratie, Verstädterung, wachsende Mobilität, industrielle Arbeitswelt und die Dienstleistungsgesellschaft sowie moderne Formen des Freizeitverhaltens, der Unterhaltung, Geselligkeit, Bildung, Kunst und Kommunikation stehen fast völlig außerhalb jeder religiösen Lebens- und Weltdeutung. Mit diesem immer stärkeren Rückgang der Bedeutung von Religion und Kirche in Kultur und Gesellschaft und der Abwertung der Kirche zu einem gesellschaftlichen Teilsystem ist ein gleichfalls mit dem Etikett Säkularisierung versehener Verlust des religiösen Interpretationsmonopols letzter, gesellschaftlicher Wahrheiten verbunden. Doch gibt es außer der Säkularisierung von Natur, Geschichte und Kultur auch eine des Bewußtseins. Sie bezeichnet die zunehmende Irrelevanz religiöser Momente für die eigene Daseinsführung und damit verbunden eine wachsende Distanzierung der Menschen von Religion und Kirche. Immer mehr Menschen erklären sich Welt, Natur und Geschichte sowie ihr eigenes Dasein ohne religiöse Deutungsmuster, und eine Änderung dieses europäischen Zeitgeistes ist weder heute zu erkennen noch steht sie künftig zu erwarten.

Eine Folge hiervon ist ein nihilistisches Gefühl allgemeiner Sinnlosigkeit und religiöser Obdachlosigkeit, das geradezu zwangsläufig die Frage hervorruft, ob eine sinnfreie Welt notwendigerweise als sinnlos empfunden werden muß oder ob es den Menschen auch möglich ist, sich mit einer wertfreien Wirklichkeit anzufreunden. Normalerweise genügt dem einzelnen ein gemäßigter Sinn im Alltag, wie ihn etwa bewährte Sitten und Gewohnheiten der eigenen Existenz vermitteln. Sicherlich kommt es dabei hin und wieder zu Sonntagsgefühlen, aber die sind nicht die Regel, sondern bilden eher die Ausnahme, wie wir überhaupt unser Leben nicht erst dann für sinnvoll halten, wenn alle unsere letzten Fragen überzeugend beantwortet sind; bereits gute Antworten auf vorletzte Fragen ermöglichen das Gelingen unseres Daseins.

Solche Antworten zielen vorrangig auf Wohlbehagen und Wohlstand, Freiheit, Sicherheit, Macht, Ansehen und Geld sowie Erfolg, Bildung und Glück. Das Ziel ist die Findung, Durchsetzung und Sicherung der eigenen Lebensform, die fast immer mit handfesten materiellen Interessen verbunden ist, manchmal aber auch mit hohen Idealen, so unterschiedlich diese ausfallen mögen.

Heute bedeutet Sinnerfüllung oft soviel wie Selbstverwirklichung und Lebensfreude — nicht nur in der Freizeit, sondern bereits am Arbeitsplatz. Waren die Leitfiguren im wilhelminischen Deutschland der preußische Offizier, Professor und Sozialdemokrat, im viktorianischen England der Privatschuldirektor, Forscher und Ingenieur, so gelten als die Vorbilder unserer Zeit, wie MacIntyre meint, der Manager, Psychotherapeut und reiche Ästhet. Alle drei verbindet ihre führende Rolle und Leitbildfunktion für die Gesellschaft, ihre individuelle Unabhängigkeit, die Illusion, selbst wählen zu können, welche Rolle man übernehmen möchte. Hierbei werden häufig zwei Menschentypen unterschieden — jene, welche immer auf Steigerung von Lust und Vergnügen aus sind und auf diese Weise Selbstsuche in Selbstsucht, Lebenskultur in Lebenskult verwandeln, und solche, die alles ihrer Karriere unterordnen, die ihnen ebenso Triebverzicht wie Selbstdisziplin abverlangt. Letztere führen häufig ein Doppelleben: Am Tag sind sie meist zuverlässig, gewissenhaft, unerbittlich; in der Nacht oft ausgelassen, verschwenderisch, vergnügungssüchtig.

Beide Arten von Individualisten sind herausragende Leitbilder der Gegenwart, mögen die vorstehenden Beschreibungen auch übertrieben klingen. Denn sicherlich können sich viele Menschen die angedeuteten Lebensstile gar nicht leisten, andere hingegen halten sie gar nicht für erstrebenswert. Trotzdem verkörpern die dargestellten Personentypen einen Trend unserer Zeit, in der sich viele Menschen einfach nicht für öffentliche Fragen interessieren. Streben nach persönlichem Erfolg und dauerndem Lebensgenuß scheinen wenig Platz für soziale Verantwortung und Gemeinwohl zu lassen. Allerdings ist der durch fehlende Bindung an feste Gemeinschaften und gemeinschaftliche Werte geprägte Individualismus unserer Zeit nicht erst das Ergebnis übermäßiger Ichbezogenheit, wie man vermuten könnte; die wachsende Vereinzelung hat zahlreiche Ursachen, zu denen zweifellos auch die zunehmende Mobilität der modernen Gesellschaft gehört. Früher verbrachte man mit geringen Ausnahmen fast sein ganzes Leben an einem Ort, viele arbeiteten in den gleichen Berufen wie ihre Eltern und nahmen schon dadurch einen vergleichbaren Platz in der Gesellschaft ein.

Das heutige Leben dagegen ist schneller, rastloser; das Tempo steigt, der Augenblick, die stehende Zeit, schrumpft. In der modernen Welt hat sich die Mobilität dramatisch erhöht. Größte Eile, Zeitdruck, fliegende Hast, alles so schnell wie möglich: Vom Vorort ins Zentrum, von der Arbeit nach Hause, von der einen Stadt in die andere! Auch Wohnortwechsel werden immer häufiger, selbst Partei-, Berufs- und Partnerwahl sind häufig keine Entscheidungen mehr fürs Leben. Familiäre Bande werden mittlerweile als leicht brüchig erlebt — nicht etwa weil der eine dem anderen gleichgültig wäre, sondern vielmehr weil die Tagesabläufe zu verschieden sind. Der eine geht, wenn die andere kommt. Doch wenn sich alles dauernd wandelt und bewegt, kann Vertrautheit kaum entstehen. So ist Vereinzelung gleichfalls das Ergebnis zu hoher gesellschaftlicher Dynamik — wie auch das Produkt eines allgemeinen Wertewandels in unserer Gesellschaft. Dieser wiederum zeigt sich besonders in der Ersetzung traditioneller Tugenden wie Anpassung, Unterordnung, Gehorsam, Pflichtbewußtsein durch Werte wie Selbstverwirklichung, Lebensfreude und Sinnerfüllung, selbst am Arbeitsplatz. Für solchen Einstellungswandel gibt es ganz unterschiedliche Gründe.

Haltlosigkeit

Ist der Lebenssinn auf die eigene Lebenszeit begrenzt, so glaubt der einzelne, es sich nicht mehr erlauben zu können, auch nur eine Gelegenheit der Daseinserfüllung ungenutzt zu lassen: Die diesseitige Sinnjagd beginnt und macht selbst vor den Toren der Arbeitswelt nicht Halt. Allerdings setzt das bereits die industrielle Entwicklung der letzten hundert Jahre voraus, in der mehr und mehr Aufgabenfelder entstanden, die von der Last niederdrückend-schwerster und stumpf-monotoner Arbeit befreit sind. Außerdem wird die diesseitige Sinnjagd durch die allgemeine Hebung des Lebensstandards und die damit verbundenen Erwartungen auf mehr Lebensqualität angetrieben. Denn ist erst einmal ein gewisses Niveau erreicht, wird das Verlangen nach Selbstentfaltung und Glück ständig größer, was teilweise mit dem Rückgang der in der Arbeits- und Berufswelt verbrachten Lebenszeit zusammenhängt: Je mehr Zeit zur Verfügung steht, persönlichen Interessen und Vorlieben nachzugehen, umso mehr möchte man auch am Arbeitsplatz seinen Neigungen folgen dürfen. Dazu kommt die wachsende Tendenz zur höheren Schulbildung, mit der zugleich die Ansprüche des einzelnen auf Selbstverwirklichung und Sinnerfüllung zunehmen, wie heute selbst innerhalb der Wirtschaft die neuesten Technologien den Ruf nach mehr Motivation, Kreativität und Flexibilität laut werden lassen. Solche Werte sind mittlerweile stärker gefragt als je zuvor, und angesichts der Globalisierung der Märkte eine notwendige Voraussetzung für das Überleben der Unternehmen. Qualifizierte und einsatzbereite Mitarbeiter sollen und wollen nicht nur arbeiten, um ihren Lebensunterhalt zu verdienen, ihren Beruf nicht als bloße Pflichterfüllung sehen, sondern ihn zugleich als sinnvoll erleben, in dem sie ihre Fähigkeiten voll entfalten können.

Das alles beweist, daß die diesseitige Sinnjagd unserer Zeit nicht bloß das Produkt eines überzogenen Egozentrismus, sondern auch das Ergebnis der heutigen Gesellschaftsstruktur ist. Diese bedingt, daß die meisten Bindungen, die wir in der Gegenwart eingehen, sich wieder leicht auflösen lassen, weil sie fast gänzlich von uns abhängen. Der Mensch der liberalen Gesellschaft ist stärker gezwungen, sein Leben selbst in die Hand zu nehmen, ohne daß einer fragt, ob er es auch kann. Das mühsam erkämpfte Recht, vor staatlicher Willkürgewalt geschützt zu sein und auf eigene Art glücklich zu werden, erweist sich manchmal als Last, das eigene Leben ganz allein bestehen zu müssen, unbehaust und einsam. Jeder scheint für sich selbst verantwortlich zu sein, nur mit sich beschäftigt, vom Schicksal des anderen oftmals ungerührt. Die Auflösung unseres Gemeinwesens in viele bindungslose einzelne zeigt sich besonders in Großstädten bei Nacht. Gerade in den nächtlichen Metropolen trifft man auf zahlreiche Menschen, deren Leben sich niemals zu einem Ganzen rundet, die außerhalb jeder Gemeinschaft leben und mit ihrem Dasein ohne Beistand und Schutz selbst fertig werden müssen. Einen Weg zurück in ein friedliches Zusammenleben finden sie häufig nicht. Sie sind die Außenseiter unserer Gesellschaft, die, wie es scheint, mit den übrigen Bürgern nichts verbindet. Ein Blick auf die Einkaufsstraßen der Großstädte, die Blechlawinen auf den Hauptstraßen oder in die Bahnhöfe und Flughäfen erweckt jedoch den Eindruck, als bestünde die gesamte moderne Gesellschaft aus einer Ansammlung sich fremder Individuen. Dazu paßt, daß heutzutage immer mehr Menschen alleine leben. In unseren Metropolen werden schon über die Hälfte aller Haushalte von Einzelpersonen geführt. Dieser Trend zur Solo-Existenz macht nach Auffassung mancher Zeitkritiker einen gefährlichen Schwund an mitmenschlicher Verantwortung sichtbar; man kann ihn aber auch als Sieg der Wirklichkeit über die Illusion verstehen.

Bei alldem darf nicht übersehen werden: Selbst wenn der Lebensstil der Singles ein gesellschaftliches Problem wäre, gäbe es immer noch mehr intakte Gemeinschaften, als gemeinhin angenommen wird. Jedoch ändert das nichts daran, daß der einzelne in der liberalen Gesellschaft sein Leben weitgehend alleine führen muß. Verständlicherweise empfindet er hierbei seine persönliche Freiheit wie auch manchmal die vorherrschende weltanschauliche Offenheit und damit die Notwendigkeit zur eigenen Entscheidung zwischen verschiedenen Lebensformen und politischen oder religiösen Angeboten als unangenehme Last, die er am liebsten auf die Gemeinschaft abwälzen würde. Heute kann man sich immer weniger auf althergebrachte Werte- und Gemeinschaftsformen stützen, was die einen laut beklagen, andere dagegen ausdrücklich begrüßen, weil ihrer Ansicht nach der Verlust alter Traditionen mehr Nutzen als Schaden brachte. Unbestreitbar war dieser Wandel die fällige Antwort auf frühere Willkür und gemeinschaftliche Zwänge, was einmal mehr beweist, daß alles zwei Seiten hat: Das lauschige Dorf im Hinterland wirkt idyllisch; es kann aber auch als erdrückend, eng, langweilig und tot erlebt werden. Die moderne Großstadt scheint hingegen aus einer anonymen Masse beziehungsloser Gestalten zu bestehen, von denen die meisten mit ihren Sorgen ganz alleine sind; jedoch kann sie ebenso als befreiend, offen, abwechslungsreich und lebendig erfahren werden.

In jedem Falle bleibt das Ideal der Freiheit, zu leben wie man möchte, ein unverzichtbares Gut, weil es das Recht auf ungestörte Selbstentfaltung enthält: Freiheit der Wahl und Freiwilligkeit der Teilnahme an Gemeinschaften, einschließlich der Möglichkeit, sie wie alle gewachsenen Identitäten hinter sich zu lassen. Außerdem ist persönliche Freiheit eine wesentliche Voraussetzung für wirtschaftlichen Wettbewerb, der als eine der wichtigsten Quellen des heutigen Wohlstands gilt. Darum sollte man das Recht auf Freiheit, sei es in politischer, weltanschaulicher oder wirtschaftlicher Hinsicht, nicht verwerfen, weil es die einen überfordert oder die anderen es mit ihm übertreiben, gehören doch Berufs-, Partner- und Meinungsfreiheit auch dazu. Das sind Grundrechte, auf die kein mündiger Bürger freiwillig verzichten wird.

Allerdings lassen das Fehlen fragloser Stützen, die Freiheit der Wahl und die Pluralität der Möglichkeiten alle durch persönliche Anstrengung erreichten Entscheidungen von vornherein als höchst zerbrechlich erscheinen; im Hintergrund stehen oft Verunsicherung und Zweifel. Vertrauen und Geborgenheit sind instabile, einmalige, begrenzte Ressourcen. Die Geborgenheit endet plötzlich und der Vertrauensbruch hinterläßt Wunden, die oft nicht mehr heilen. Werden Vertrauen und Geborgenheit nicht immer wieder erneuert und verstärkt, lösen sich menschliche Beziehungen auf, ohne daß es scheinbar einen triftigen Grund gibt. Je weniger Vertrauen und Geborgenheit auf gewohnheits- und gefühlsmäßigen Bindungen beruhen, desto stärker hängen sie von persönlichen Entscheidungen ab. Dabei bleibt fast jeder Entschluß labil und jede stützende, auf Dauer angelegte Bindung lose, wenn deren Aufrechterhaltung lediglich eine Frage subjektiven Beliebens ist. Diese Tendenz verstärken gegenwärtig vor allem die Schule, das Fernsehen sowie alle anderen Medien, die den einzelnen dauernd mit den verschiedensten Einstellungen konfrontieren. Es ist nicht zu erkennen, wie eine aus dem Sortiment der Weltanschauungen und Wertsysteme ausgewählte Sinnorientierung jemals im einzelnen tragende Kraft gewinnen könnte. Im Gegenteil erweist sich dieser häufig sogar als unfähig, überhaupt noch Bindungen einzugehen, mit der Folge, daß er sich dann auch allumfassenden Sinnwelten, wie sie Religion und Metaphysik darbieten, immer weniger zugetan und zugehörig fühlt.

Erneuerung

Der geistige Nährboden unserer heutigen säkularen Kultur ist die Religionskritik des 19. Jahrhunderts, die schon damals nihilistische Blüten trieb, welche sich aber erst im 20. Jahrhundert zur allgemeinen Sinnlosigkeitsklage auswuchsen. Mittlerweile ist die Säkularisierung ein gesamteuropäisches Phänomen: Die Botschaft vom Tode Gottes, die schon vor längerem die Intellektuellen erfaßte, hat inzwischen die Massen erreicht. Einige Zeitkritiker halten sie für ein Grundübel der Moderne, welche die Bürger dazu verführe, religiöse Werte durch materielle und profane zu ersetzen, um diesen anschließend als Ersatzgöttern zu huldigen. Im allgemeinen geht man davon aus, daß wir Menschen ein natürliches Religionsbedürfnis besitzen, niemand also auf Dauer in einem religiösen Vakuum leben kann. Auch aus diesem Grund klammerten sich zahlreiche Menschen nach dem proklamierten Ende der Religion an Ideologien und Glaubenssurrogate, um auf diese Weise geistig zu überleben, so geistlos die meisten Ersatzreligionen auch sind. Dennoch binden diese immer wieder viele Menschen an sich, indem sie auf deren Wünsche und Gefühle eingehen, auf die sie gleichsam zugeschnitten werden. Offenbar steht der vielbeklagten Flucht vor jeder Art von Bindung nach wie vor eine große Sehnsucht nach Geborgenheit stiftenden Sinngebungen gegenüber. Diejenigen allerdings, die ihren Halt weder bei den traditionellen Religionen noch in Ersatzgöttern finden, sind nach vorherrschender Meinung zu einem alles durchdringenden Nihilismus verurteilt.

Diagnosen solcher Art erfreuen sich seit Friedrich Nietzsche und Jean-Paul Sartre größter Beliebtheit, und nach dem Zweiten Weltkrieg haben insbesondere Alfred Müller-Armack, Wilhelm Röpke sowie Romano Guardini die geistig-religiöse Wertkrise unserer Zeit mit solchen und ähnlichen Worten beschrieben. Als Gegenmittel empfahlen sie damals eine Wiederbelebung der christlichen Religion, an deren Wahrheit heute allerdings noch weniger geglaubt wird als vor fünfzig Jahren. Wie viele stehen mittlerweile außerhalb der christlichen Kirchen, die ihnen keine überzeugende Lebensperspektive mehr bieten! Manche sind noch nicht einmal mehr antichristlich oder atheistisch eingestellt; sie bekämpfen weder die Religion noch lassen sie sich von ihren Erneuerungsversuchen sonderlich beeindrucken. Sie gehen an der christlichen Botschaft vorüber — nahezu interesse- und kenntnislos. Inzwischen läßt sich nicht mehr ausschließen, daß man auf die Frage, was «die Dreifaltigkeit» sei, eher die Antwort «eine Alterserscheinung der Haut» als «Gott Vater, Sohn und Heiliger Geist» erhält, so weit ist der religiöse Analphabetismus in der westlichen Gesellschaft bereits fortgeschritten.

Doch auch sonst scheinen alle christlichen Erneuerungsbemühungen zum Scheitern verurteilt zu sein. Denn es ist ziemlich unwahrscheinlich, daß vor zweitausend Jahren die Wahrheit in einer bäuerlichen Gesellschaft südöstlich des Mittelmeers aufging; deshalb wird man den Verdacht nicht los, daß jede christliche Theologie im Grunde eine Art Ufologie darstellt, die sich mit Dingen befaßt, welche es vermutlich gar nicht gibt. Freilich ist ein fürsorglich um den Menschen besorgter Gott eine schöne Vorstellung, aber wahrscheinlich doch nur eine der schönsten Illusionen der Kulturgeschichte.

Friedrich Nietzsche (1844–1900) schrieb im 164. Aphorismus von *Menschliches-Allzumenschliches*, daß «Leichtsinn oder Schwermut jeden Grades besser [sei] als eine romantische Rückkehr und Fahnenflucht, eine Annäherung an das Christentum in irgend einer Form: denn mit ihm kann man sich, nach dem gegenwärtigen Stand der Erkenntnis, schlechterdings nicht mehr einlassen, ohne sein intellektuelles Gewissen heillos zu beschmutzen und vor sich und anderen preiszugeben.» Franz Overbeck (1839–1905), sein lebenslanger Freund, stimmte ihm darin vorbehaltlos zu. Im Unterschied zu Nietzsches Atheismus zeichnet sich Overbecks Religionskritik aber durch wohltuenden Mangel an Aggressivität und Larmoyanz aus. Dessen Abkehr vom Christentum wird von tiefer Trauer getragen. Als ungläubiger Kirchenhistoriker schrieb er über sich selbst, daß ihn die christliche Botschaft sein Leben gekostet habe, obgleich er nie daran glaubte und nur durch «Mißverständnis» ein Theologe wurde. Overbeck hatte sich im Laufe seines Lebens mehr und mehr von der Unmöglichkeit des eigenen Faches überzeugt, war aber dennoch unfähig, es innerlich loszuwerden und äußerlich aufzugeben. Das macht ihn zu einem der interessantesten Religionskritiker der modernen Zeit, auf den deshalb hier näher eingegangen sei.

Trauerarbeit

Franz Overbecks lebenslange Kritik am Christentum stützt sich auf zwei Erkenntnisse: Einmal hielt er die frohe Botschaft für überholt und widerlegt, weil die sogenannte urchristliche Naherwartung enttäuscht wurde. Die ersten Christen hofften auf die baldige Wiederkehr ihres Herrn und den Untergang der Welt, den sie als unmittelbar bevorstehend vermuteten. Mit diesem Glauben traten sie an die Welt heran. Aber sie hatten sich geirrt, denn die erwarteten Ereignisse blieben aus. So beruht Overbeck zufolge der gesamte christliche Glaube auf einer großen Täuschung. Im Gegensatz zu Nietzsche war er der Auffassung, daß der christliche Gott schon vor 19 Jahrhunderten und nicht erst im 19. Jahrhundert gestorben sei. Daß es Gott nicht gibt, sei bereits in dem Augenblick deutlich geworden, als die Hoffnung auf das baldige Ende von Geschichte und Welt unerfüllt blieb und angesichts ihrer ununterbrochenen Fortdauer aufgegeben werden mußte. So verstanden sei schon die Hervorbringung der christlichen Theologie und Kirche die Widerlegung der frohen Botschaft gewesen, wie sie Priester und Gläubige immer noch verkündigten. Denn Theologie und Kirche hätten sich auf Dauer in einer Welt eingerichtet, die es dem Evangelium nach überhaupt nicht mehr geben dürfte und darin stellenweise absolut verneint werde. So paradox es klingt: Die infolge des Scheiterns der christlichen Naherwartung errichtete Religionskultur mit Theologie und Kirche war für Overbeck bereits ein Beweis für das Ende des Christentums insgesamt.

Darüber hinaus war er wie viele Intellektuelle seiner Zeit von der Unvereinbarkeit der christlichen Religion mit den modernen Wissenschaften überzeugt. Seiner Auffassung nach ist christlicher Glaube nur als Kinderglaube denkbar, ein solcher aber angesichts des verfügbaren Wissens gerade unvorstellbar geworden. In dieser Frage gab es für ihn nur zwei Möglichkeiten: entweder unwissend zu bleiben oder unredlich zu werden. Dennoch hielt er merkwürdigerweise am Christentum fest, überzeugt davon, daß die frohe Botschaft den Menschen einen wichtigen Trost im Leben schenke — einen Trost, der ihnen das beschwerliche Dasein erleichtern könne. Schon allein aus diesem Grund verdiene die christliche Kultur nicht unsere Feindschaft, sondern vielmehr unsere Achtung, obgleich er selbst religiösen Sinnversprechen nicht mehr traute. Nur, eine Alternative — ein neues, starkes, tragfähiges Bekenntnis anderer Art — kannte er auch nicht.

Im Gegensatz zu vielen Religionskritikern seiner Zeit bot er der modernen Welt keinen Gottesersatz an, ob in Gestalt des wissenschaftlichen Fortschritts, der wirtschaftlich-technischen Entwicklung oder einer kollektivistischen Klassenideologie. Da er sich weigerte, dem alten Glauben einen neuen entgegenzusetzen, das Christentum aber als Irrtum verwarf — auch wenn er es zur Sicherung und Festigung von Kultur, Gesellschaft und des einzelnen bis auf weiteres für unersetzbar hielt — zog er es mit zunehmendem Alter vor, über Glaubensfragen zu schweigen. Während es Galileo Galilei am Ende seines Lebens durch die Kirche untersagt wurde, weiter zu dozieren und zu publizieren, da seine Forschungen angeblich die Grundfesten des christlichen Glaubens erschütterten, verzichtete Overbeck von sich aus auf die Veröffentlichung seiner Erkenntnisse, weil sie Glaube und Kirche radikal in Frage stellten und ihre Fundamente aushöhlten. Deswegen erschienen zuletzt nur noch einige Gelegenheitsschriften von ihm in Fachblättern — Rezensionen, in denen er seinen Standpunkt zu alledem verschlüsselt darstellte; den Rest verwahrte er in seiner Schreibtischschublade.

Wie säkular unsere moderne Welt inzwischen ist, wird schon daran deutlich, daß ein religionsloser Standpunkt wie der Overbecks heute keinerlei Aufsehen mehr erregen könnte. Auf diesem Gebiet ist freiwillige Selbstzensur nicht mehr geboten; sinnvoll scheint sie dagegen auf dem Feld der Naturforschung. Schon vor Jahrzehnten wurde gefragt, ob die Physiker, deren Erkenntnisse zur Entwicklung der Atombombe führten, auf Forschungen dieser Art nicht besser hätten verzichten sollen. Heute fordern dagegen manche Zeitgenossen wissenschaftliche Selbsteinschränkung etwa in der Humangenetik, die Horrorvision geklonter Menschen vor Augen.

Overbeck hingegen verstummte, weil seine Erkenntnisse die christliche Kirche und ihre große Hoffnung auf ein Leben nach dem Tode gefährdeten. Wer solchen Trost nicht mehr hat, muß sich illusionslos in das Dasein und den Tod einfinden, wie sie sind. Aber dazu hielt Overbeck nur wenige für imstande. Darum muß heute mit aller Entschiedenheit gefragt werden, wie möglichst viele ohne Gott zufrieden leben können und ob aus dem Ende von Religion und Metaphysik notwendigerweise die Sinnlosigkeit des Ganzen folgt.

Obgleich Overbecks Ausführungen nichts mehr von einem Kampf und Ringen um Gott erahnen lassen, weil der christliche Glaube für ihn keine Möglichkeit mehr war, fiel ihm der Verzicht darauf doch ziemlich schwer. Im Gegensatz zu vielen Menschen der europäischen Moderne, die sich trotz aller gegenteiligen Behauptungen anschickt, ohne Religion auszukommen, trauerte Overbeck noch um den vielzitierten Tod Gottes, den er als echten Verlust empfand.

Nun zwingt das Leben einen aber häufig, Abschied zu nehmen — sei es von der Jugend, dem Elternhaus, der Heimat, einem nahestehenden Menschen, Freunden, ja schließlich vom Leben selbst. Ähnlich fordert es uns manchmal auch dazu auf, Abschied zu nehmen von enttäuschten, unerfüllbaren Hoffnungen und Sehnsüchten, überholten Traditionen und Orientierungsmustern, die einem bis dahin Sicherheit und Geborgenheit gaben, nun aber erschöpft und am Ende sind. Hier wie sonst auch fällt dem einzelnen das Abschiednehmen nicht leicht, das in der Regel von tiefer Trauer begleitet wird.

So führte auch Overbeck ein Leben des Abschieds und der Trauer, der Loslösung von etwas Liebgewonnenem, ohne daß er dieses jemals ganz losgeworden wäre. Obwohl er das Christentum schon früh verlor, eigentlich nie richtig besaß, fiel es ihm doch schwer, es loszulassen und nicht verzweifelt festzuhalten. Bei ihm folgte auf die Trennung ein Gefühl der Entbehrung und des Entzugs, die ihn den Verfall des christlichen Glaubens schmerzlich spüren ließen.

Grundsätzlich muß zwischen Abschied von einem verlorenen

Objekt, der sogenannten Trauerarbeit, und dem Abschied vom Abschied vom verlorenen Objekt, der Vollendung der Trauerarbeit, unterschieden werden. Erst wenn das Verlorene nicht mehr vermißt wird, kommt eine Trauerarbeit zum ersehnten Abschluß und der Trauernde in die Lage, die veränderte Situation klag- und anklagelos hinzunehmen und somit in den Verlust der geschätzten Person oder Sache einzuwilligen. Overbecks Auseinandersetzung mit der Kirchengeschichte ist ein solches Stück Trauerarbeit, in der er Abschied vom christlichen Glauben nahm, ohne den Abschied vom Abschied jemals gänzlich vollzogen zu haben — im Unterschied zu vielen Menschen der Gegenwart, die den Sinnzusammenhang der Religion nicht einmal mehr vermissen. Aber selbst wenn diese mittlerweile keine Religionssurrogate mehr zum Leben brauchen, ganz ohne Sinn kommt niemand aus.

Sinnbedarf

Der Mensch ist ein vergängliches Stück um sich selbst bekümmerte Natur in einer um ihn unbekümmerten Welt. Er ist ein hochbedürftiges, sorgenvolles Lebewesen, das in der Not steht, sein Leben selbst gestalten zu müssen, es selbst zu sichern und zu behaupten. Hierbei kommt er in der Sorge um sich niemals wirklich zur Ruhe; das sorglose Leben bleibt für ihn ein unerfüllbarer Traum. So banal es klingt: Aus der Tatsache, daß man lebt, folgt nicht bereits, daß man es auch kann: Zu leben will gelernt sein. Deshalb ist es seit jeher für den einzelnen wichtiger, sein Dasein zu bestehen, als es zu verstehen, was immer wieder von neuem Mühe und Anstrengung kostet. Das Leben ist eben ein gewagtes Unternehmen, gleichermaßen ein Unterfangen wie auch Unterliegen; sein Schicksal läßt sich nur teilweise steuern.

Natürlich geht die Last des Lebens jedem menschlichen Laster voraus. Dennoch ist der einzelne außer auf Selbsterhaltung auch auf Selbstverwirklichung und Sinnerfüllung bedacht. Wie groß ist dabei seine Angst, günstige Gelegenheiten zu versäumen, einmal erfahrenes Glück bald wieder zu verlieren, falsche Entscheidungen zu treffen und die Risiken, welche die meisten Entscheidungen in sich bergen, nicht aushalten zu können. Nur selten ist das Erreichte genug. Häufig mißachten wir gerade das, was wir besitzen, und sehnen uns nach dem, was wir nicht haben. Fernweh, die Trauer um eine unwiederbringliche Vergangenheit und die Sehnsucht nach einer unerreichbaren Zukunft lassen die Menschen oft nicht zur Ruhe kommen — dem Dichterwort gemäß: «Wo du nicht bist, dort ist das Glück.» Erreicht man aber einmal sein Ziel, so mischt sich in die Freude über das erlebte Glück oft wieder ein Gefühl der Leere und Schwermut: die «Melancholie der Erfüllung». Offenbar hat Arthur Schopenhauer recht, wenn er schreibt, daß menschliches Leben gleich einem Pendel hin und her schwinge zwischen Schmerz und Langeweile, durch die dem einzelnen nach und nach die Bedeutungslosigkeit seines Daseins bewußt werde.

Zu dieser herben Enttäuschung hinzu kommt die bittere Erfahrung der Fragmentarität des eigenen Lebens, dem es stets an Totalität mangelt und das sich folglich nie zu einem Ganzen rundet, ebenso unvollendet wie unvollkommen bleibt und hierbei stets von schweifender Unruhe umgetrieben wird. Allerdings besteht das Leben nicht nur aus Bruchstücken eines vorausgesetzten oder erahnten Ganzen, dessen Zusammensetzung uns lediglich mißlingt, dauernd fehlschlägt und nicht zum Abschluß kommt. Die Fragmentarität des menschlichen Daseins läßt sich vergleichen mit der Geschichtlichkeit der Philosophie. Wie wir zu keinem Zeitpunkt «ganz» wir selbst sind, so verstehen wir auch nie etwas «ganz»; niemals kommen wir mit uns und der Welt «ganz» zu Rande; jede Wahrheit bleibt eine Halbwahrheit, und viele Probleme lassen sich überhaupt nicht lösen, sondern einfach nur aushalten. Bei alldem finden wir unsere endliche Existenz, welche man seit Menschengedenken durch Sicherheit versprechende Ordnungsbegriffe in Griff zu bekommen versucht, in den Fluß der Zeit geworfen. Dieser verweigert uns Erdenbürgern seit jeher den gesuchten Schutz, jeglichen absoluten Halt, so gerne wir uns auch mit der Illusion eines solchen trösten möchten. Doch es gibt nichts, das die Zeit überdauert, was manchmal allerdings durchaus beruhigend sein kann. Denn wie oft ist es tröstlich zu wissen: Auch das geht vorüber — Et illud transit! Trotzdem gilt: Während außermenschliches Leben lediglich mit der Zeit vergeht, scheitert menschliches Leben an der Zeit, weil es um seine Vergänglichkeit weiß, mit der es sich wahrscheinlich nie so richtig abfinden wird.

Keine Minute kehrt wieder, keine versäumte Stunde läßt sich zurückholen, kein Tag wird noch einmal gelebt, und eines Tages wird der eigene Leichnam, beigesetzt in einem Grab, so spurlos verschwunden sein wie das gedächtnisstiftende Grabmonument darauf. Gleichfalls ist es nur eine Frage der Zeit, bis die Trauer über den Tod eines Menschen und die Erinnerung an dessen Leben verblassen und niemand mehr existieren wird, der noch wissen könnte, daß es ihn einst gab. Alles Andenken mündet in den Ozean der Gedächtnislosigkeit: Kurzfristig leben wir, mittelfristig sterben wir und langfristig sind wir alle vergessen! Denn mögen wir auch noch so viel Kraft für die Erinnerung aufbringen, das Hinübergleiten des Vergangenen ins Nichts können wir nicht aufhalten. Am Ende legt sich ein Schleier des Vergessens über uns alle — das Vergessen des Vergessens, von dem hier auf Erden nichts bleibt. So verliert sich das Andenken eines Verstorbenen nach und nach im Meer der Milliarden namenloser Menschen, die bereits dahingegangen sind.

Gleichwohl wird manchem die Vergünstigung einer Versöhnung mit dem eigenen Dasein zuteil, wenn er, rückblickend auf seine Vergangenheit, von keinerlei Reue geplagt, in gegenwärtiger Zufriedenheit lebt und, vorausschauend auf die Zukunft, nicht mehr von übertriebenen Ängsten und Wünschen gequält wird. Trotzdem gibt es keinen Sieg über die Flüchtigkeit der Zeit — über all die schmerzlichen Verluste, Trennungen und Abschiede, die wir im Leben unvermeidlich erleiden müssen und die uns oft verlegen, rat-, wenn nicht gar hilflos machen. Sie rufen Ohnmachtsgefühle, Trauer und Schwermut hervor; fertig werden müssen wir mit ihnen aber dennoch.

Daß nichts in der Welt von Dauer ist, beweisen auf höchst anschauliche Weise die vielen zerfallenen Gemäuer und verwitterten Säulen vergangener Epochen. Existenziell bedeutsam ist nicht, was Pompeji und Delphi einmal waren, sondern vielmehr, was sie heute noch sind: Ruinen und Trümmerhaufen, die uns auf besonders eindrucksvolle Weise daran erinnern, wie vergänglich alles Menschliche ist.

Aber wie erschütternd die Hinfälligkeit des Unvollkommenen auch sein mag, um wieviel bestürzender ist erst die Unbeständigkeit des Vollkommenen. Diese Erkenntnis ist in Michelangelos berühmten *Boboli-Sklaven* geradezu Programm geworden. Die nur teilweise aus den Marmorblöcken herausgehauenen Statuen *Der Jugendliche*, *Der Atlant*, *Der Bärtige* und *Der Erwachende*, die ursprünglich für das Grabmal von Papst Julius II. bestimmt waren, entstanden zwischen 1530 und 1534; doch brach Michelangelo mitten in der Arbeit an diesen Werken ab und hinterließ so vier unvollendete Figuren, die trotz oder gerade wegen ihrer Unvollständigkeit schon oft als vollkommen gepriesen wurden, ohne daß deshalb freilich alles Unfertige solch hohes Prädikat verdient. Dennoch kann das Fragmentarische, Bruchstückhafte manchmal wirklich den Eindruck höchster Vollkommenheit erwecken.

Das wohl bekannteste Beispiel hierfür ist die genannte Figurengruppe, deren rauhe Oberflächen und Gestalten mit teils unbestimmten Umrissen aussehen, als ob sie sich aus dem rohbe-

Der Bärtige   Der Erwachende

Boboli-Sklaven 1530–1534

hauenen Stein freikämpfen müßten. Alle vier Torsi lassen das anfängliche Mißlingen zu einer Form des Gelingens werden, weshalb man hier auch gerne vom Triumph im Scheitern spricht. Fast scheint es, als wolle der Marmor — einem steinernen Verlies gleich — die darin eingeschlossenen Figuren nicht aus sich herauslassen.

Aus einem anderen Blickwinkel betrachtet scheint der unförmige Stein geradezu prozeßartig Gestalt anzunehmen, wie umgekehrt die halbfertigen Figuren in das ursprünglich Gestaltlose wieder zurückzusinken. Je nach Perspektive sieht man also die Statuen sich entweder Stufe um Stufe aus dem Stein emporringen oder hierin auflösen. Darum kann man sagen: Die *Boboli-Sklaven* halten sowohl den Moment ihrer Entstehung als auch den Augenblick ihres Zerfalls fest. Allerdings veranschaulichen sie noch mehr als nur die Erkenntnis, daß alle Ordnung einem anfänglich Regellosen entspringt. Sie machen gleichfalls darauf aufmerksam, daß jede Form an ihren materiellen Untergrund gebunden bleibt, der durch sie zwar gebändigt, geformt und vergeistigt werden kann, in den aber ihre Gestalt aufgrund ihrer Vergänglichkeit eines Tages wieder verschwinden muß. Johann Joachim Winckelmann, Generalkustos der klassischen Altertümer im Vatikan, rühmte im 18. Jahrhundert die «edle Einfalt und stille Größe» antiker Marmorskulpturen, die durch ihre vollkommene Form den eigenen materiellen Untergrund überwunden hätten, und die darum reine geistige Wesen seien. Die *Boboli-Sklaven* entlarven diese schöne Idee als Illusion: Auch die geistige Form gründet auf fester Materie und ist vergänglicher Art.

Die romantische Vorstellung, daß auf dem Antlitz der gesamten Natur ein schwermütiger Zug liege, ein Schleier der Melancholie und Traurigkeit über allem Endlichen ausgebreitet sei, wird durch diese Marmor-Torsi anschaulich zur Darstellung gebracht. Denn ohne es darauf abgesehen zu haben, gelang Michel-

Der Jugendliche   Der Atlant

Boboli-Sklaven 1530–1534

angelo mit der Hervorbringung des Vollkommenen zugleich die Darstellung seines Zerfalls, dem nun einmal alles Zeitliche unterliegt: Wie sich die Konturen der *Boboli-Figuren* in formlosem Stein verlieren, den sie nicht loswerden können, wie hoch sie auch aus ihm aufgestiegen sein mögen, genauso verschwindet alles Menschliche im dunklen Grab der Erde.

Der nicht nur der Belehrung über die Wirklichkeit, sondern auch der Beruhigung über sie bedürftige Mensch hat deshalb seit jeher Symbole und Geschichten erfunden, um so mit dem eigenen Ableben und dem Tod seiner Nächsten fertig zu werden. Daraus wird deutlich: Der menschliche Bedarf an Realismus war schon immer begrenzt. Die Härte des Realen beschönigend, spricht man bis heute gerne von friedlichem Schlaf oder Ruhen des Toten, und bezieht in dieses Bild den Leichnam mit ein. Eine solche Betrachtungsweise legt die Ähnlichkeit des Toten mit einem friedlich Schlafenden nahe. In stummer Reglosigkeit auf dem Rücken ausgestreckt und mit geschlossenen Augen und gefalteten Händen aufgebahrt, wirkt er wie schlafend. Dabei sagen die Begriffe Ruhe, Friede und Schlaf, auf den Leichnam bezogen, weniger über den Tod selbst als vielmehr über das Leben aus — über dessen Ruhelosigkeit, Mühe und Plage, von denen der Tod als das Ende aller Sorgen und Ängste befreit: Im Grab ruht sich der Mensch von den Erschöpfungen seines Lebens aus, sagt man. Doch verbindet sich das volkstümliche Bild der Totenruhe auch mit religiösen Vorstellungen. Schon in der Unterwelt Homers ruhten die Verschiedenen im sogenannten Hades als Stätte der schlummernden Nacht und des Schlafes. Eine ganz besondere Rolle spielen die Begriffe Ruhe und Schlaf für die Christen, weil sie die Erweckung und Auferstehung der Toten erwarten. Hier werden diese Bilder oft auf den Leichnam übertragen, weshalb die katholische Kirche über viele Jahrhunderte hin die Feuerbestattung als Ausdruck der Ablehnung menschlicher Auferstehung untersagte — ein Verbot, das erst 1963 aufgehoben wurde.

Jedoch glaubt selbst ein religiöser Mensch nicht ernsthaft, ein Leichnam ruhe oder schlafe. Auch wenn man es für gewöhnlich gar nicht so genau wissen möchte, der von allen Wünschen und Träumen unbestechbare Blick hinter die Kulissen beweist: Ein Toter ruht nicht, ein Toter verfault; er schläft auch nicht, er verwest; verbrennt er nicht zu Asche, zerfällt er in Staub. Sein körperlicher Verfall ist unaufhaltsam, denn die Säfte der Fäulnis und die in den Eingeweiden sich ringelnden Würmer zehren ihn nach und nach auf, bis — einem alten Spruch gemäß — die Erde wieder einzig Erde bedeckt: Terra tegit terram.

Selbst die schönste Gestalt wird eines Tages in Stücke zerfallen und das edelste Kunstwerk in Staub vergehen, während das unermeßliche Weltall — davon gänzlich unbetroffen und ungerührt — noch lange fortbestehen wird. Das Schöne, von Platon im *Symposion* als ewig, unwandelbar, der Zeit enthoben dargestellt, ist in Wahrheit so zerbrechlich wie alle anderen Dinge auch. Ohne es ausdrücken zu wollen, hat Michelangelo dies in den *Boboli-Sklaven* eindrucksvoll veranschaulicht und Friedrich Schiller in der *Nänie* mit den Worten beklagt: «Auch das Schöne muß sterben! [...] Siehe! Da weinen die Götter, es weinen die Göttinnen alle, daß das Schöne vergeht, daß das Vollkommene stirbt.» Dieser Erkenntnis konnte sich auch Goethe nicht entziehen, der in *Torquato Tasso* fragt: «Wer weinte nicht, wenn das Unsterbliche vor der Zerstörung selbst nicht sicher ist?» Besonders deutlich tritt die Vergänglichkeit des Schönen an Michelangelos *Der sterbende Adonis* im Nationalmuseum von Florenz zutage — genauso wie an der vielbestaunten Marmorfigur *Der sterbende Gallier*, die im Kapitolinischen Museum in Rom steht.

Daß die vollkommenen Augenblicke jedes Lebens allzu schnell vorübergehen, unsere endliche Existenz unvollkommen, fragmentarisch bleibt, daß wir trotz aller Erfolge und Erfüllungen mit versäumten Lebenschancen, ungestillten Sehnsüchten und verratenen Versprechen fertig werden müssen, das alles scheint

Der sterbende Gallier

unbezweifelbar, ja, eine nackte Tatsache zu sein, die deshalb «nackt» heißt, weil sie nichts zu verbergen hat, gleichsam alle Hüllen von ihr gefallen sind.

Allerdings soll damit nicht einfach ein pessimistisches Bild gezeichnet werden; es sollen vielmehr jene Aspekte unserer verletzbaren Existenz hervortreten, auf denen unser allgemeines Sinnbedürfnis beruht. Der Mensch — ein schmalnasiger Primat mit übergewichtigem Kopf auf einer für den aufrechten Gang eher ungeeigneten Wirbelsäule — ist ein sinnbedürftiges Lebewesen. Es gibt vielfältige Anlässe, Umstände und Situationen, die sein Bedürfnis danach wecken — angefangen bei den Sorgen des Alltags über Grenzerfahrungen wie Tod, Krankheit und Verlassenheit bis zur Erkenntnis der eigenen Unerheblichkeit oder der Erfahrung der Banalität der Wirklichkeit insgesamt.

Kultur

Inbegriff allen menschlichen Sinns ist die Kultur, deren unermeßlicher Reichtum weniger Zeugnis von unserer Erhabenheit und Größe ablegt als vielmehr von unserer Armut und Schutzlosigkeit — nämlich im ganzen unbehaust und ungesichert zu sein. Das beweisen schon die alten Göttergeschichten — die Mythen, die das Ziel verfolgen, archaische Ängste zu vertreiben, der Welt ihre spröde Fremdheit zu nehmen und alle sich im Laufe des menschlichen Lebens aufdrängenden Letztfragen zu beantworten. Genaugenommen erreichten die alten Kulturen dieses Ziel dadurch, daß sie das fremde, unmenschliche Weltchaos in einen den Menschen vertrauten Bilderkosmos verwandelten, in dem man es aushalten und sich zeitweilig heimisch fühlen kann. Allgemein gesprochen verfügt der Mensch über die besondere Fähigkeit, den Blick vom Unheimlichen abzuwenden und auf das ihm Vertraute hinzublicken. Dabei deutet er letzteres immer wieder in die anonyme Wirklichkeit hinein, um sie so auf sicheren Abstand zu bringen. Der Mensch kann die Übermacht des Wirklichen durch die Macht des Möglichen brechen. Als winziges, vergängliches Lebewesen inmitten des unermeßlichen Universums verfügt er über die besondere Gabe, sich von der übermächtigen, stummen Wirklichkeit durch die Erfindung der Kultur zu distanzieren und dadurch sein ebenso sorgenvolles wie haltloses Leben zu orientieren und zu stabilisieren. Das erst macht dieses sinnbedürftige Wesen auch sinnfähig, das offenbar Abstand gewinnen kann zu dem, was es bedrängt: Distanzgewinn mildert die bitteren Härten der ernsten Lebenswirklichkeit ab. Denn ganz ohne Sorgenbrecher bleibt menschliches Leben eher ärmlich, um nicht zu sagen: erbärmlich.

Jedoch auch wenn die Menschen die Härten ihrer Existenz mit Hilfe der Kultur lindern können, ganz aufheben können sie diese nicht; absolute Sinngeborgenheit bleibt ein unerreichbares Ziel. Regelmäßig dringen durch die Schleusentore ihrer Kultur, hinter die sie sich zurückgezogen haben, um Leben und Welt leichter ertragen zu können, die unbändigen Kräfte der Natur ein. Diese lassen sich manchmal nur mit größter Anstrengung zurückstauen, wie beispielsweise die zahllosen Naturkatastrophen auf der Erde zeigen. Doch darf in diesem Zusammenhang nicht bloß an die blinde Gewalttätigkeit äußerer Naturereignisse gedacht werden, deren heftige Stöße den Schutzwall der Kultur immer wieder niederzureißen drohen, sondern ebenso an die Kräfte der inneren Menschennatur: Triebe, Krankheit, Tod. Zwar haben Medizin, Moral und Religion starke Dämme errichtet, um auch die übermächtige innere Natur des Menschen in Schach zu halten, um deren Macht zu mindern und ihre Wildheit zu zähmen. Sie haben wirksame Heilverfahren, zur Selbstbeherrschung gemahnende Verhaltensregeln und trostreiche Sinnorientierungen entwickelt, die Triebverzicht, Leid, Trauer und Todesangst erträglicher gestalten können. Keiner soll von seinen Begierden versklavt und von Schicksalsschlägen niedergeschmettert werden, sondern jeder soll ihnen gegenüber Selbstbeherrschung, Gelassenheit und Überlegenheit wahren, die Ansprüche gegen die Wirklichkeit mäßigen.

Dennoch sprengen jene elementaren Kräfte regelmäßig die starken Staumauern der Kultur. Es ist und bleibt für uns Menschen charakteristisch, sich von Leidenschaften, Lüsten und Wünschen sowie von Schicksalsschlägen, Krankheit und Tod überwältigen zu lassen. In diesen Erfahrungen bekommen wir geradezu hautnah die Härte der Wirklichkeit zu spüren, die trotz unserer Bemühungen um den Aufbau einer sinnhaften Alltagswelt am Ende doch das letzte Wort behält. Denn wenn es ans Sterben geht, kommt niemand mehr um das Eingeständnis der eigenen Ohnmacht herum. Daran ändert selbst die Tatsache wenig, daß der Tod das Ende aller menschlichen Mühen und Sorgen bedeutet.

Gleichwohl kennt auch die säkulare, gottlose Moderne zahlreiche Tröstungen: Die einen suchen sie in Büchern und Musik, andere im Sport oder Essen, wieder andere im Computer, im Wald oder in der Sauna. Fast jeder greift hin und wieder zu Rauschmitteln, die einen den Alltag bunter erscheinen lassen, als er üblicherweise ist, und die für Augenblicke ein Gefühl schwereloser Freiheit und beschwerdelosen Glücks ermöglichen — frei nach Wilhelm Busch: «Wer Sorgen hat, hat auch Likör». Die gesamte Kultur, wie sie seit Mitte des 19. Jahrhunderts die Geisteswissenschaften erforschen, dient dieser Selbstbehauptung des Menschen gegen die Übermacht der lebensbedrohlichen inneren und äußeren Natur.

Allerdings sehen manche — die Notlage des Menschen verkennend — in der Kultur hauptsächlich eine Macht, mit deren Hilfe sich die Erdenbürger die Natur zu unterwerfen suchen. Genaugenommen hätten sie sich in der Vergangenheit der Welt selbst nur selten geöffnet, um sich von ihr etwas sagen zu lassen, sondern es viel öfter darauf abgesehen, sich ihrer zu bemächtigen. Ob Wissenschaft und Technik auf der einen Seite, Religion, Philosophie und Kunst auf der anderen Seite — letzten Endes hätte der Mensch sich fast immer die Welt angeeignet, ja sich ihrer bemächtigt. Andere heben dagegen stärker den Fluchtcharakter von Philosophie, Religion und Kunst hervor. Besagte Wissensdisziplinen ermöglichten den Menschen einen Rückzug aus der harten Wirklichkeit in eine Traum- und Phantasiewelt, die ihnen vorübergehend Unterschlupf gewähre. Im Gegensatz dazu betonen Dritte, daß die Kultur gerade umgekehrt den einzelnen mit Welt und Leben konfrontiere, über die er im normalen Alltag nur selten reflektiere, und verweisen darauf, daß sie hierbei dem Menschen einen Spiegel des eigenen Selbst vorhalte.

Mit dem zuletzt skizzierten Kulturverständnis verbindet sich problemlos die Vorstellung, daß Literatur, Kunst und Geisteswissenschaft in engem Zusammenhang mit der allgemeinen Verständigung des Menschen über das Leben, dessen Sinn und Bedeutung in der Welt stehen. Hiernach dienen die Werke der Kultur vorrangig dem Selbstverständnis des einzelnen und sind so immer auch ein Stück Selbstauslegung. Dabei geht es den Geisteswissenschaften seit jeher weniger um zeitenthobene, objektive Wahrheiten, die unabhängig von Standort und Interpret gelten, als vielmehr um Teilhabe an geschichtlichen Wahrheiten, die allen, die sie erfahren, etwas zu sagen haben, so daß sie aus der Auseinandersetzung mit ihnen innerlich verändert hervorgehen. Dies setzt aber voraus, daß sich der einzelne auch von der Kultur angesprochen fühlt, die sich mit allgemein-menschlichen Fragestellungen befaßt und jeden von uns somit ein wenig über sich selbst aufklären kann. Jedoch gilt bei dieser Frage wie sonst auch, daß nur der wirklich versteht, der bereits verstanden hat. Aus eben diesem Grund halten viele Kulturforscher es für einen Irrweg, den Geisteswissenschaften das Methodenideal der konstruktiven Naturwissenschaften aufzuzwingen, so sehr eine Annäherung beider Wissensdisziplinen wünschenswert ist. Um kulturelle Leistungen angemessen auslegen zu können, bedarf es weniger eines festen Kanons methodischer Grundregeln, die den wissenschaftlichen Status solcher Studien garantieren können, als vielmehr eines Sinns fürs Allgemein-Menschliche, sowie Feinfühligkeit, Klugheit, Urteilskraft und dazu ein breites kulturgeschichtliches Wissen, kurz: Bildung. Fragt einen dennoch jemand: «Wozu Kunst und Philosophie?», so antworte man ihm nicht, sondern betrachte ihn mit paläoanthropologischen Augen: Es ist der Höhlenmensch, aus dem die Kultur der Bärenjäger und Beerensammler spricht.

Nun enthalten die meisten Werke der Kultur aber nicht nur unterschiedliche Weisen der Verständigung des Menschen über sich selbst, sondern sie sind zudem wichtige Formen menschlicher Daseinsbewältigung. So gesehen steht Kultur — außer für die Fähigkeit, Welt und Leben zu verstehen — auch für die Möglichkeit, sich auf beides zu verstehen, beiden gewachsen zu sein, mit ihnen fertig zu werden. Man kann die Kultur nur angemessen begreifen, wenn man von der allgemein-menschlichen Not ausgeht, die sich in ihr gleichermaßen Ausdruck und Entlastung verschafft. Für sich betrachtet mögen die großen Werke der Geschichte manchmal überflüssig erscheinen; daß wir sie dennoch bitter nötig haben, erkennen wir spätestens dann, wenn wir sie mit der Bedrängnis unserer Existenz, deren Fragen, Sorgen und Ängste in Verbindung bringen. So sind etwa Literatur und Kunst nicht bloß eine andere Erkenntnisweise als naturwissenschaftliche Forschung — etwa das Verstehen im Unterschied zum Erklären —, sondern vielmehr herausragende Mittel, um mit der wesenhaften Ungewißheit, Schutzbedürftigkeit, Begrenztheit und Endlichkeit unseres Daseins sowie mit all den Problemen, die es zeitlebens umtreiben, fertig zu werden. Näher betrachtet ist alle Kultur eine Art Notwehr — eine Antwort auf die prekäre Lage des Menschen, der auch nach dem proklamierten Ende von Mythos, Metaphysik und Religion für Symbole, Bilder und Geschichten empfänglich bleibt, um seine archaischen Ängste, Verlorenheits- und Überforderungsgefühle in der befremdlichen Welt überwinden zu können. Der Mensch befindet sich von Natur aus in einem schlimmen Zustand, gewissermaßen in einem Notstand, aus dem ihm die Kultur durch Erfindung von Sinnbildern und Sinngeschichten mit herauszuhelfen vermag.

In dem Maße aber, wie alle Kultur in menschlicher Ungewißheit und Mühsal wurzelt, von der sie den Menschen teilweise entlastet, ist und bleibt sie — als Ergebnis des schöpferischen Reichtums seiner besonderen Talente — zugleich Ausdruck seiner kreatürlichen Armut. Das gilt nicht erst für so traurige Werke wie etwa Pergolesis *Stabat mater dolorosa*, Allegris *Miserere* oder Gustav Mahlers *Kindertotenlieder*, sondern gleichfalls für so heitere, festliche und unbeschwerte Musikstücke wie Händels *Feuerwerksmusik*, Mozarts *Krönungsmesse* oder Beethovens IX. Symphonie, um es mit Beispielen aus der Tonkunst zu verdeutlichen. Auch sie sind Weisen, das sorgenvolle Leben und die bedrohliche Wirklichkeit zu überstehen, Ermutigungen in einer Welt, die uns immer wieder von neuem auf schwere Geduldsproben stellt.

Ebenso wirksam, wenngleich weniger anspruchsvoll, sind andere Möglichkeiten des menschlichen Leibes. Schon vor zweihundert Jahren machte Immanuel Kant auf die tröstende Kraft des Schlafes aufmerksam, ohne dabei die Macht des Lachens im beschwerlichen Alltag der Welt zu vergessen, das mitunter jedoch zu einer gefährlichen Kraft, ja einer schweren Last und einem bösen Laster wird (Abschnitt 2, «Last des Lachens»). Dennoch benötigen wir jene erheiternde Macht in einer Zeit, deren gottlosen Erkenntnisse dem Menschen bisweilen empörende Demütigungen zufügen, anstatt ihn zu beglücken (Abschnitt 3, «Bringt Wissen Glück?»). Diesen sogenannten Kränkungen der menschlichen Eigenliebe durch das Wissen liegt die Erkenntnis einer völlig entzauberten Welt zugrunde, die absolut vergeblich zu existieren scheint (Abschnitt 4, «Vergeblichkeit der Welt»), und mit der sich vermutlich nur aussöhnen kann, wer sich auf die Kunst der Genügsamkeit versteht (Abschnitt 5, «Kunst der Genügsamkeit»). Der Mensch — ein sterbliches Stück um sich bekümmertes Fleisch auf gelenkigen Knochen, zusammengehalten von Sehnen und Bändern, bewegt von Muskeln und durchströmt von Blut und Gasen — muß mit einer Wirklichkeit fertig werden, die sich nicht nur gleichgültig gegen sein Dasein verhält, sondern es auch noch als absolut unerheblich und nichtig in Erscheinung treten läßt.

LAST DES LACHENS

Die Waffen der Heiterkeit

«Ein Philosoph von ernster Art, / der sprach und strich sich seinen Bart: / Ich lache nie, ich lieb' es nicht, / mein ehrenwertes Angesicht / durch Zähnefletschen zu entstellen / und närrisch wie ein Hund zu bellen; / ich lieb' es nicht, durch ein Gemecker / zu zeigen, daß ich Witzentdecker», so Wilhelm Busch in *Der Philosoph*.[1] Tatsächlich wird ein ernster Philosoph das Lachen mißbilligen, eine ernsthafte Philosophie über das Lachen aber nicht: Das Lachen, nach uralter Tradition ein Erbteil der Götter, ist eine äußerst ernste Angelegenheit. Dies ist es nicht nur in dem Sinne, daß es Gegenstand philosophischer Betrachtungen und wissenschaftlicher Abhandlungen werden kann. Es ist auch insofern eine ernste Angelegenheit, als es einerseits — mit Bezug auf Menschen — gehässig, unfreundlich, kränkend, demütigend, und andererseits — auf traditionsgestützte Wertordnungen, Gesellschafts- und Kultursysteme bezogen — subversiv, destabilisierend und kompromittierend zu wirken vermag. Freilich gibt es auch freundliches, wohlwollendes Lachen, das einträchtige Miteinanderlachen, ein Lachen, das keine Bindungen schwächt oder zerstört, sondern bestehende stärkt, ja, allererst Bindungen knüpft. Wir lachen nicht nur boshaft andere aus, wir lachen auch freundlich andere an und — als die denkbar stärkste Form möglichen Anlachens — lachen wir uns eine andere oder einen anderen an: nur für eine Nacht und im Grenzfall sogar für das ganze Leben. Objekte zum Lachen und Anlässe dazu gibt es mehr als genug. Es ist schlechterdings nichts denkbar, worüber man nicht lachen könnte. Sicherlich ist nicht alles belachenswert, aber alles ist belachbar, mag uns auch nicht immer zum Lachen zumute sein und das Lachen uns bisweilen im Halse steckenbleiben. Alles läßt sich ins Lächerliche ziehen, selbst wenn es nicht lächerlich ist. Dabei wird aus ganz unterschiedlichen Gründen gelacht: aus Freude, Kummer und Verlegenheit ebenso wie aus Verzweiflung, Begeisterung oder Verzückung.

Im Mittelpunkt des folgenden steht zuerst das gefährliche, destruktive Auslachen — das Lachen als ernsthaftes Ärgernis, und dann das ungefährliche, konstruktive Anlachen wie auch das befreiende, eruptive Lachen als Trost. Die Philosophie hat bereits in ihren Anfängen mit dem destruktiven Lachen einschlägige Erfahrungen gemacht. Von Platon wird eine Geschichte über den frühantiken Philosophen Thales erzählt, der, während er sich mit dem Himmel beschäftigte und beim Gehen nach oben blickte, in einen Brunnen fiel. Deswegen hat ihn eine Dienstmagd, die dies verfolgte, ausgelacht und gesagt, «er wolle da mit aller Leidenschaft die Dinge am Himmel zu wissen bekommen, während ihm doch schon das, was ihm vor der Nase und den Füßen läge, verborgen bleibe.»[2] Der Philosoph macht sich lächerlich, er erregt Gelächter, weil ihm das für sein praktisches Leben irrelevante Fernliegende zu nahe geht und das für sein praktisches Leben relevante Naheliegende zu fern bleibt.

Die Geschichte vom stolpernden und stürzenden Philosophen und der lachenden Magd ist im abendländischen Denken immer wieder aufgegriffen, thematisiert und variiert worden.[3] Man möge etwa an die Geschichte vom *Hans-Guck-in-die-Luft* aus dem *Struwwelpeter* denken: «Wenn der Hans zur Schule ging / Stets sein Blick am Himmel hing / Nach den Dächern, Wolken, Schwalben / Schaut er aufwärts allenthalben / Vor die eignen Füße dicht / Ja, da sah der Bursche nicht» — so beginnt die Geschichte und geht dann wie folgt weiter: Hans stolpert zunächst über einen Hund und fällt schließlich — zwar nicht in einen

Brunnen — dafür aber in einen Fluß. Hierüber amüsieren sich drei herbeischwimmende Fische: «Doch die Fischlein alle drei / Schwimmen hurtig gleich herbei / Strecken's Köpflein aus der Flut / Lachen, daß man's hören tut.» Thales — der schauende Philosoph — und Hans-Guck-in-die-Luft — der träumende Schuljunge — machen sich lächerlich und erregen Gelächter, sie werden ausgelacht. An solchem Lachen haftet etwas Subversives: Es bestürzt und stürzt um — nämlich den Ernst der aufmerksamen und träumenden Himmelsbeobachtung. Das Lachen stürzt diesen Ernst um, indem es ihn der Lächerlichkeit preisgibt. Dieser Sturz des Ernsten wird in den Geschichten von Thales und dem Struwwelpeter praktisch veranschaulicht: als Sturz des Philosophen in den Brunnen und des Schuljungen in den Fluß. Daß Lachen subversiv ist, heißt, es bestürzt, es ist umstürzlerisch, bringt das Ernste, das Offizielle, das Geltende durch das Auslachen zum Sturz.

Merkmale des Lachens

Gelacht wird, um etwas zu vertreiben oder gar zu zerstören — im harmlosesten, aber nicht unwichtigsten Falle: die Zeit, die Langeweile. Sonst und schwerer wiegen: Angst, Sorge, Dunkelheit, der Ernst, der Gegner, das Offizielle, die vorgegebene und bis dahin fraglose Ordnung. Das Ernste nimmt nicht mehr ernst, wer es der Lächerlichkeit preisgibt. Diese Erkenntnis ist nicht neu, philosophisch gesehen sogar sehr alt. So bemerkt bereits Aristoteles in seiner *Rhetorik*, daß man in einem Streitgespräch den Ernst des Gegners durch Gelächter zunichte machen kann.[4] Mehr als zweitausend Jahre später verallgemeinert und radikalisiert Nietzsche in *Also sprach Zarathustra* diesen Gedanken: «Eins aber weiss ich, — von dir selbst erlernte ich's einst, o Zarathustra: wer am gründlichsten tödten will, der lacht. Nicht durch Zorn, sondern durch

Lachen tödtet man.»[5] An anderer Stelle schreibt er: «Oh meine Brüder. Es sind solche unter euch, die verstehen es, ein Ding zunichte zu lachen — auszulachen. Und wahrlich, man tödtet gut durch Lachen!»[6] Der Philosoph bekundet in diesen Worten seine volle Überzeugung von der subversiven — kritisierenden, zunichtemachenden — Kraft des Lachens. Solche Auffassung teilt mit ihm der französische Lebensphilosoph Bergson in seiner Abhandlung *Das Lachen*, wenn er schreibt: «Es gibt [...] nichts Entwaffnenderes als das Lachen.»[7] Auch sei an dieser Stelle auf Ritters Aufsatz *Über das Lachen* hingewiesen, in dem es heißt, daß das Lachen durchaus eine solche Machtfülle entfalten könne, um «die vorgegebene und angemaßte Ordnung der verständigen Welt in Frage zu stellen, [...] der Lächerlichkeit preiszugeben.»[8] Wenn dieses zutrifft, dann pflegen wir im Alltag unbedacht und leichtfertig Umgang mit einer hochexplosiven Kraft.

Trifft das aber wirklich zu? Kann uns denn durch das Auslachen so sehr zugesetzt werden? Ist denn das auf einen schwachen Punkt angesetzte Lachen tatsächlich in der Lage, die Ordnung der Dinge zu erschüttern, die Oberfläche des Ernsten aufzureißen und die erstarrten Strukturen des Offiziellen aufzubrechen? Zweifelsohne kann das Auslachen lahmlegen, mattsetzen, bloß- und kaltstellen. Doch reden wir nicht auch manchmal in der Sprache des Lachens, um den Gegner zu schonen, um ihm behutsam zu verstehen zu geben, daß er im Begriff ist, in die Irre zu gehen? Natürlich ist das so, nur ändert das nichts an der Ungeheuerlichkeit des Auslachens, das bis zur Unverzeihlichkeit kränken und beleidigen kann. Was aber mit Bezug auf andere Menschen möglich ist, das muß deshalb noch lange nicht mit Bezug auf öffentliche Ordnungen, traditionsgestützte Wertorientierungen und politische oder religiöse Bindungen gelingen, denen deutlich Ernsthaftigkeit ins Gesicht geschrieben ist und Lächerlichkeit nicht zu Gesichte steht. Deshalb stellt sich die Frage: Kann auch ihnen durch Lachen etwas angetan werden? In welchem Verhältnis steht das Lachen zu diesen Sphären des Ernsten und Offiziellen?

Adressat des umstürzlerischen Lachens ist stets das Ernste, das also, was sich ernst darstellt, aber nicht ernst genommen wird, sondern dessen Anspruch auf Ernsthaftigkeit der Lächerlichkeit verfällt. Alle offiziellen Ordnungen, geltenden Institutionen, wirksamen Traditionen und fraglosen Bindungen enthalten ernste, wichtige Satzungen, zu beachtende Regeln, alte Riten und Bräuche. Darin geht es zumeist ernst zu, weil sie sonst nicht glaubwürdig wären und nicht zuverlässig wirken könnten. Deren Inhalte stelle man sich einmal als in Gefäße gefüllt vor. Ein Merkmal von Behältern ist ihre Umgrenzung, so daß es notwendigerweise von ihnen Ausgegrenztes gibt — nämlich das, was sie gerade nicht beinhalten. So schließen die Gefäße des bitteren Ernstes den Unernst, das Inoffizielle, das aus ihrer Sicht Nichtige, Ungültige, Unanständige, Unsinnige, Ungehörige aus — die verkehrte Welt, die alles auf den Kopf stellt.

Speziell das Lachen hat nun die Funktion, dieses vom Ernst der offiziellen Ordnung als das Ungehörige, Unziemliche, Nichtige, Verkehrte Ausgeschlossene in das Gehäuse des bitteren Ernstes hereinzuholen und seine Zugehörigkeit zum Ernsten, Offiziellen, dem Gültigen und Amtlichen sichtbar zu machen. Zur Konkretisierung ein einfaches Beispiel: Der Führungskraft eines Betriebes ist strukturell gesehen Ernsthaftigkeit ins Gesicht gezeichnet. Diese strukturelle Ernsthaftigkeit äußert sich zum Beispiel in ihrer Weisungsbefugnis oder im Anspruch auf besondere Achtung durch die Mitarbeiter. Das von diesem Gehäuse des bitteren Ernstes Ausgeschlossene — gleichsam die verkehrte Welt — wäre die offene Respektverweigerung oder die Bevorzugung des Auszubildenden vor dem älteren, fähigeren Angestellten. Was offiziell nicht sein darf, wird jedoch durch das Lachen möglich: die Hereinziehung des Ausgegrenzten in das Gehäuse des bitteren Ernstes, ob durch den Witz[9] über den Chef in der Pause oder durch die Verhöhnung seiner Eigenheiten und Marotten hinter vorgehaltener Hand. Hier dringt über das Lachen das von der offiziellen Ordnung Ausgeschlossene in die Sphäre der offiziellen Ordnung ein. Das Lachen verschafft dem Ausgegrenzten Einlaß in das Gehäuse des bitteren Ernstes, ohne dieses dadurch automatisch zu beschädigen.

Das macht die Frage unabweislich, ob das Lachen den Gefäßen des bitteren Ernstes überhaupt etwas anhaben kann. Hierzu seien drei Funktionen des Lachens unterschieden: dessen stabilisierende, kritisierende und annihilierende Funktion.

Wo in die Gefäße des bitteren Ernstes über das Lachen das Ausgegrenzte eindringt, dort kommt es nicht notwendigerweise zum Zerbrechen und Zerspringen dieser Gefäße derart, daß ihre ernsten Gehalte zerfließen würden. Im Gegenteil kann das Lachen auch eine Stabilisierungsfunktion für die Gefäße des bitteren Ernstes ausüben und dadurch der Erhaltung des Bestehenden dienen. Hier ist der durch das Lachen vermittelte Einlaß des Ausgegrenzten in das Gehäuse weit davon entfernt, umstürzlerisch zu wirken; genaugenommen ist sogar das Gegenteil der Fall: Das Lachen über den Chef — in der Pause durch den Witz veranlaßt — verhindert die Auflehnung gegen ihn. Wie ein Ventil leitet es die Energien des Unbehagens und der Unzufriedenheit ab und dient hierdurch der Stabilisierung des Offiziellen.

Lachen kann aber auch in den Dienst der Kritik treten. Denken wir an das politische Kabarett. Indem über das Lachen das Ausgegrenzte in die Gefäße des bitteren Ernstes einfließt, können Mißstände, kritikwürdige Verhältnisse und veränderungsdringliche Zustände sichtbar werden. Mit Marquard gesprochen: «Komisch ist und zum Lachen bringt, was im offiziell Geltenden das Nichtige und im offiziell Nichtigen das Geltende sichtbar werden läßt.»[10] Aber auch beim kritisierenden Lachen wird nicht das Gefäß des bitteren Ernstes schon gleich zum Zerspringen gebracht. Zumeist werden — verpackt in Witz, Sprachspiel oder sarkastische Satire — Mißstände innerhalb der offiziellen Ordnung angeprangert.

Dabei kann sich jedoch das kritisierende Lachen ins Grenzenlose verlieren, wenn es nicht mehr nur das Nichtige und Lächerliche am Ernsten freilegt, sondern das offenbar Ernste insgesamt als Nichtiges und Lächerliches veralbert. Dieses Lachen sei annihilierendes Lachen genannt: Es ist als ein Lachen, das alles zunichte macht, die stärkste Form des kritisierenden Lachens. Solches Lachen erklärt das ganze Gefäß des bitteren Ernstes für null und nichtig. Dem annihilierenden oder nihilistischen Lachen ist nichts mehr ernst und heilig. Dadurch gerät das gesamte Gefäß des bitteren Ernstes zunehmend in Gefahr, von innen her aufgesprengt zu werden. Lachend kommt es zu einer Entbindung und Entfesselung von Kräften, denen der Anschluß an die vorgegebene offizielle Ordnung verloren geht. Für diejenigen, denen es mit nichts mehr ernst ist, zerbrechen alle Gefäße des bislang Gültigen und verlieren ihre ernsten Gehalte.

Das aber heißt, umstürzlerisch wirkt das Lachen — nach Graden der Stärke abgestuft — allein als kritisierendes und annihilierendes Lachen. Allerdings zerbricht ein Traditions- und Wertbestand — ein Gefäß des bitteren Ernstes — nicht schon deshalb, weil es einem einzelnen mit ihm nicht mehr ernst ist. Erst wenn bei vielen solche Ordnungen keine Anschlußkraft mehr hervorrufen, die straffen Bindungen an diese Ordnungen erschlaffen, ihre Plausibilität dahinschwindet, erscheint ihr Auflösungsvorgang als unaufhaltsam. Daß es soweit kommen kann, dazu vermag das Lachen einiges beizutragen. Deswegen möchte man es sich nicht immer gefallen lassen, verlacht zu werden — eben weil man damit rechnen muß, daß das Lachen negative Auswirkungen auf die Gehäuse des bitteren Ernstes hat. Das Lachen steht im Verdacht, ein gefährliches Medium zu sein. Dies beweisen nicht zuletzt die vielfältigen Maßnahmen zu seiner Verhinderung in der Geschichte: die Lachverbote.

Lachverbote

«Lachen ist verboten» heißt: Lachen ist vom Zulässigen ausgeschlossen. In Maßnahmen solcher Art erblickte Nietzsche die
größte Sünde des christlichen Abendlandes: «Welches war hier
auf Erden bisher die grösste Sünde? War es nicht das Wort: Wehe
Denen, die hier lachen!»[11] Allerdings ist das Lachen nie gänzlich
vom Zulässigen ausgeschlossen worden. Nur die Schwellen seiner Zulassung wurden bisweilen sehr hoch, zu hoch gelegt. Fast
durchgängig gilt: Es darf gelacht werden, aber, so lauten die Einschränkungen, nicht über alles, nicht zu laut, nicht zu jeder Zeit,
nicht an jedem Ort und nicht von jedermann. Lachen steht
unter vielfachem Vorbehalt. Lediglich drei davon seien hier erörtert: der zeitliche, örtliche und persönliche. Lachen steht unter
zeitlichem Vorbehalt meint, es darf nicht zu jeder Zeit über alles
gelacht werden; Entsprechendes gilt für die lokale Begrenzung:
es darf nicht an jedem Ort über alles gelacht werden, und gemäß
dem persönlichen Vorbehalt darf nicht von jedermann über alles
gelacht werden. In diesen drei Einschränkungen steckt die War-
nung: Bis hierher und nicht weiter! An drei Beispielen seien die
genannten Beschränkungen verdeutlicht: an Ecos Erfolgsroman
Der Name der Rose, Platons Utopie *Der Staat* und am Kabarett
im Dritten Reich.

Der Roman *Der Name der Rose*, der den Leser ins christliche
Mittelalter entführt, befaßt sich in den letzten Kapiteln mit der
Frage nach der Funktion und der Gefahr des Lachens für die
christlichen Religion.[12] Zunächst wird das Lachen als etwas
Niedriges und Gemeines charakterisiert, dessen rechtmäßiger
Ort die Welt des niederen Volkes, der Bauern und Betrunkenen,
sei. Ihnen allen werde lediglich «zur Abfuhr der schlechten Säfte
und zur Ablenkung von anderen Begierden, anderem Trach-
ten»[13] zu lachen gestattet. Das vor nichts Halt machende Lachen
habe allein die Funktion eines Ventils, durch das die Energien

entweichen, die — aufgestaut — sich gegen die bestehende Ordnung wenden könnten. Wortwörtlich heißt es: «Statt euch aufzulehnen gegen die gottgewollte Ordnung, lacht lieber und ergötzt euch an euren unflätigen Parodien auf die Ordnung.» Man sieht, Eco nimmt zur Charakterisierung des Lachens das in Anspruch, was weiter oben dessen stabilisierende Funktion genannt wurde. Damit aber das Lachen des niederen Volkes über die gottgewollte Ordnung nicht zu einer Gefahr für diese wird, muß es unter dreifachen Vorbehalt genommen werden. Es wird bei Eco zeitlich beschränkt auf den Karneval und die Jahrmarktsbelustigung, lokal begrenzt auf die Orte außerhalb der heiligen Stätten und geweihten Kirchen und schließlich nur einem bestimmten Personenkreis, dem niederen Volk, erlaubt. Dagegen sei es Theologen, Philosophen, den Weisen und Gelehrten untersagt, eine Kunst des Lächerlichmachens zu entwickeln, «die Kunst des Lachens zur schneidenden Waffe zu schmieden» und sie als solche zur Anwendung zu bringen. Würden diese drei Bedingungen aber nicht erfüllt, so verliere das Lachen schnell seine stabilisierende Funktion und gewinne subversive Kraft, es würde zu einer Bedrohung für die heilige Ordnung werden. Denn wenn erst einmal nur noch, von jedem und überall gelacht werde, dazu das Lächerlichmachen von den Gelehrten zu einer noblen Kunst ausgearbeitet und als eine solche praktiziert würde, dann — so heißt es in Ecos Roman — könne eines Tages jemand sagen: «Ich lache über die Inkarnation», und wir hätten «keine Waffen mehr, um diese Lästerung einzudämmen»; alle Ordnung würde auseinanderfallen. Deswegen ist das Lächerlichmachen der offiziellen Ordnung nicht nur zu bestimmten Zeiten und an bestimmten Orten, sondern auch für bestimmte Personen — vornehmlich für die Statthalter der offiziellen Ordnung und orientierenden Werte — verboten.

In *Platons Staatsutopie* werden nicht wie in Ecos Roman alle drei Vorbehalte gegen das Lachen thematisiert; näher betrachtet kommt allein die persönliche Begrenzung gegen das Lachen zum Zuge. Darüber hinaus ist das Bezugsobjekt ein anderes; es ist nicht von der religiösen, sondern vielmehr von der politischen Ordnung die Rede. Platon verbietet in seiner Staatsutopie den Verteidigern der Ordnung und Freiheit des Staates, den sogenannten Wächtern — der Polizei und den Militärs, wie man heute sagen würde — das Lachen und kritisiert in diesem Zusammenhang Homer, der die Götter lachen ließ: «Lachlustig dürfen unsere Wächter nicht sein. Denn wenn einer in heftiges Lachen ausbricht, so ruft das nach einem heftigen Umsturz [...]. Man darf auch nicht hinnehmen, daß jemand bedeutende Männer darstellt, erst recht darf man Götter nicht zeigen, wie sie sich vor Lachen nicht halten können [...]. Wir werden also das nicht durchgehen lassen, was Homer von den Göttern erzählt: Unauslöschliches Lachen erhob sich unter den Göttern.»[14] Denn je mehr das Lachen um sich greife — und wenn selbst die Wächter des Staates, deren Aufgabe es sei, die Ordnung zu schützen, vom Lachen ergriffen würden — umso größer werde die Gefahr, daß die Achtung vor der Ordnung verlorengehe, die Wächter ihre Aufgaben nicht mehr ernst nähmen, womöglich über sie zu lachen begännen. Wenn dies geschehe, dann sei die Ordnung zutiefst gefährdet, die Revolution, der Militärputsch nahe. Daher sei das Lachen den Wächtern des Staates zu verbieten, die umstürzlerische Kraft des Lachens also außer Kraft zu setzen.

Das *Dritte Reich* war die hohe Zeit des auf totale Zustimmung angewiesenen Zwangsregimes. Deshalb verwundert es nicht, daß im Dritten Reich kein einziges Kabarett von Verwarnungen verschont blieb; viele wurden vorübergehend sogar geschlossen, bestimmte Nummern und Lieder verboten, Kabarettisten der Auftritt untersagt oder sie in Haft genommen. Einer der bedeutendsten Kabarettisten dieser Zeit war Werner Finck, der 1929 im Kellerraum des Berliner Künstlerhauses in der Bellevuestraße ein Kabarett eröffnete, die «Katakombe». Aber so sehr sich Wer-

ner Finck auch im Gestrüpp seiner gestammelten Worte und
Halbsätze verhedderte, hierbei zwischen dem Sagbaren und Un-
sagbaren balancierte, so wenig konnte er die Schließung der «Katakombe» und seine mehrmalige Verhaftung vereiteln. In der damaligen Begründung hieß es, der neue Staat könne es nicht
dulden, daß seine Einrichtungen ins Lächerliche gezogen, einer
ätzenden und zersetzenden Kritik unterworfen würden. Bemerkenswert ist in diesem Zusammenhang eine Anordnung von
Reichspropagandaminister Goebbels aus dem Jahre 1941, in der
politische Witze, Glossierungen von Persönlichkeiten, Zustän-
den oder Vorgängen des öffentlichen Lebens «in Theatern, Ka-
baretts, Varietés und sonstigen öffentlichen Unterhaltungsstätten
verboten» wurden. Es geschah, weil sie — so Goebbels — «die innere Einheit der Nation [...] gefährden.» [15]
Allerdings drängt sich vor dem Hintergrund der ersten beiden
Beispiele die Frage auf: Kann vom Kabarett tatsächlich eine so
große Gefahr ausgehen und es staatsgefährdend wirken? Der Kabarettist ist doch nur Kabarettist. Wirklich gefährlich wäre das
Kabarett, wenn die darin aufgeführten ironischen Stücke von
den Wächtern des Staates, den Priestern der Kirche, den ord-
nungstragenden Männern einer Wertgemeinschaft dargeboten
würden. Deswegen mutet die Verbissenheit und Ausdauer, mit
der damals höchste Parteistellen dem Kabarett nachstellten,
merkwürdig an. Jedoch löst sich das Befremden auf, wenn man
bedenkt, daß es eben in der Eigenart totalitärer Regime liegt, sich
in fast absolut geschlossene Gehäuse des Ernsten zu verwandeln,
in die sie das Einsickern des Ausgegrenzten am liebsten ganz un-
terbinden möchten. Da nun aber das Lachen über das Bestehende, wie gesagt, ein Mittel ist, das Ausgegrenzte in den Innenraum
des ernsten Gehäuses hineinzuziehen, unterliegt es oder ersatz-
weise die Instanzen, die es auslösen, einem Bannspruch. Zugespitzt formuliert: Die Lacherlaubnis über das System wird jetzt
auf Null reduziert — der zeitliche Vorbehalt gegen das Lachen auf

das ganze Jahr, die lokale Einschränkung auf alle Orte und die persönliche Begrenzung auf jedermann ausgedehnt. Freilich kann eine solche Maßnahme nicht gelingen. Das Lachen über das System lebt selbst noch unter den Bedingungen seines totalen Verbotes fort — etwa im Flüsterwitz, der dem umstürzlerischen Lachen zwar Zuflucht gewährt, es aber zugleich weitgehend entmachtet.

Jedoch steckt im Lachverbot manchmal auch ein plausibler Sinn. Unstreitig gibt es Situationen, in denen sich das Lachen von selbst verbietet, Situationen, in denen zu lachen ein Ausdruck von Geschmacklosigkeit und Zeugnis mangelnder Ehrfurcht wäre. Allerdings wird hier das Lachverbot nicht von außen her auferlegt, sondern erwächst gleichsam aus dem Ernst der Sache selbst. Man kann in einer bestimmten Situation mit dem Lachen völlig danebenliegen und sich im Auslachen gänzlich vergreifen. Wer auslacht, weiß noch nicht sicher, ob er gegenüber dem Ausgelachten wirklich der stärkere ist. Dieses hängt nicht zuletzt davon ab, ob dem Ausgelachten tatsächlich die Qualität der Lächerlichkeit zukommt. Erweist sich der Ausgelachte aber als in Wahrheit gar nicht so lächerlich, wird am Ende der Auslachende selbst zum Ausgelachten, gleichsam zum Gefoppten oder Düpierten, der sich aus Mangel an Einsicht zum Lächerlichmachen verführen ließ und sich dabei selbst der Lächerlichkeit preisgab. Somit gilt noch immer: Erst wer zuletzt lacht, lacht am besten!

Lachen verbietet sich grundsätzlich dort, wo einer Sache oder einem Vorgang Ernsthaftigkeit wie eine Qualität eingezeichnet ist, und Lächerlichkeit der ernsten Situation unangemessen bleibt. Allerdings ist oftmals nicht klar, in wessen Zuständigkeit und Kompetenz es fällt, hierüber zu rechten und festzulegen, ob aus guten Gründen oder aus verblendetem Unverstand gelacht wird. Was dem einen lächerlich erscheint, kann für den anderen dennoch so ernst sein, daß ihm das Lachen bereits vergangen ist.

Überhaupt ist in diesem Zusammenhang zu fragen, wie es denn bei uns, in der säkularen Gesellschaft um das Auslachen — sei es in der Form des kritisierenden oder annihilierenden Lachens — bestellt ist. Die politisch und weltanschaulich offene Gesellschaft ist weit davon entfernt, sich das Lachen verbieten zu lassen. Kritisierend und annihilierend, karikierend und diskreditierend lacht man an bestimmten Orten, zu bestimmten Zeiten beinahe über alles, vorzugsweise über Politiker. Jedoch gestört wird hierdurch die bestehende Ordnung, das Gefäß des bitteren Ernstes kaum. Das Auslachen ist in der modernen Gesellschaft seiner umstürzlerischen Kraft weitgehend beraubt. Es ist kaum mehr anstößig im doppelten Sinne des Wortes: Es gibt wenig Anstoß und erregt kaum noch Anstoß. Jedenfalls geht vom Lachen über die bestehende Ordnung keine ernste Gefahr für diese aus. Das Auslachen hat bei uns hauptsächlich Unterhaltungswert, wie die vielen Karikaturen in hochangesehenen Zeitungen und die Witzshows im Fernsehen beweisen. Daß dies so ist, mag viele Ursachen haben.

Möglicherweise überschätzt man die umstürzlerische Kraft des Auslachens allgemein, wenn man glaubt, es könne sich zu einer ordnungszersetzenden Macht entwickeln. Daß es dies nicht tut, liegt sicherlich auch an der Stabilität der liberal-pluralen Gesellschaft, in der vielleicht das Lachen über Politiker, nicht aber über die politische Ordnung verfängt. Die offene Gesellschaft ist weitgehend stabil. Sie muß nicht von außen gestützt und zusammengehalten werden, sondern hat ihre Bindemittel in der Zustimmung ihrer Bürger und der Lebensvorzüge, die sie ihnen bietet. Aber das nicht allein, sondern auch ihre liberale Verfassung macht die offene Gesellschaft weithin resistent gegen die Angriffe und Ausgriffe des Lachens; im Normalfall nimmt sie diese gelassen hin.

Trotzdem ist selbst in der offenen Gesellschaft das Lachen nicht völlig seiner Gefährlichkeit beraubt. Daß es die ökonomische und politische Ordnung ins Wanken bringen könnte, ist — gelinde gesprochen — nicht zu erwarten. Wie aber steht es um die kulturelle Ordnung — die traditionsgestützten Wertorientierungen und Lebensformen, die geschichtlich gewachsenen Sinnstrukturen, religiösen Glaubenslehren und Riten? Wie ernst werden diese noch genommen? Stellt gegenwärtig das achtlose Auslachen nicht doch eine gewisse Bedrohung für sie dar?

Das Auslachen — Grund oder Folge einer Erschütterung?

Ausgelacht zu werden, ist demütigend und kränkend — Auslachen ein unliebsames, unfreundliches Phänomen, ein Ärgernis. Aber was lächerlich ist, muß damit rechnen, ausgelacht zu werden. Daher sollte es sich von der Anmaßung freimachen, ernst genommen zu werden. Anders verhält es sich hingegen beim wirklich Ernsthaften. Dieses der Lächerlichkeit preiszugeben, bezeugt nichts weiter als Unverstand; zu Recht wird sich das wirklich Ernsthafte dagegen verwahren, ausgelacht zu werden. Je zivilisierter eine Gesellschaft ist, umso mehr wird sie sich gegen das unberechtigte Auslachen aber nicht durch Verbote, sondern durch Argumente zur Wehr setzen. Allerdings ist es selbst in ernsthaften Angelegenheiten um diese Argumente nicht immer zum besten bestellt.

Abgesehen davon, daß auch heute an vieles geglaubt wird, das es vermutlich gar nicht gibt und sich auch nie ereignet hat — wie etwa daß ein Gott vor 2000 Jahren die Erde betrat und die Menschheit erlöste, ein Mythos aus den Kindertagen unserer Zivilisation —, sind religiöse Lehren und Riten bereits für sich betrachtet äußerst argumentationsschwach. Es liegt in ihrer Eigenart, daß sie sich nicht auf sichere Gründe stützen können und um feste Beweise verlegen sind. Infolge solcher Defizite sind ihre Vertreter leicht verletzbar und besonders anfällig gegen die Macht des Lachens. Sie tun sich schwer mit den Zudringlichkeiten der Auslacher, weil diese sie leicht in einen Verteidigungsnotstand versetzen können, wie Eco in *Der Name der Rose* zeigt. Freilich sind die Vertreter religiöser Sinnmodelle nicht argumentationslos, und es lassen sich mehr oder weniger gute Argumente zu ihrer Verteidigung anführen. An sicheren Beweisführungen gemessen, erscheinen die Angegriffenen aber als so schwach, daß sie ihrer Verspottung nur sehr begrenzt — und nicht allzu wirkungsvoll — Paroli bieten können.

Nun stellt sich ohnehin die Frage, ob die Notwendigkeit, für religiöse Sinnmodelle zu argumentieren, nicht schon belegt, daß diese ihre orientierende Kraft — wenigstens teilweise — verloren haben. Denn ungebrochen wirken Sinnorientierungen doch nur, wenn sie sich im Leben einer Gemeinschaft von selbst verstehen, deren unauffälligen, nie in Frage gestellten Hintergrund bilden und so das Selbst- und Weltverständnis ihrer Mitglieder prägen. Hier haben sie den Charakter von lebenspraktisch Altbewährtem, von Gewohnheiten, die keiner weiteren Begründung bedürfen. Tatsächlich ist der Stellenwert der Argumente, die für die Bewahrung und Weitergabe religiöser Traditionen sprechen, nicht allzu hoch zu veranschlagen, denn selbst wenn diese dem einzelnen einleuchten sollten, bliebe es dennoch möglich, daß sie in ihm keine Anschlußkraft mehr hervorriefen. Gerade heute verweigert man solchen Sinnmodellen oftmals die Zustimmung, scheinen ihre Antriebskräfte erschöpft, einfach leer zu laufen. Folglich messen viele den alten Heilsversprechen keinen echten Wert mehr, kaum noch Bedeutung bei; sie sind für sie belanglos geworden — eben Quisquilien.

Wo dies der Fall ist, dort lassen sich die Menschen nur noch selten durch Argumente, die sowieso nicht die Struktur sicherer Beweisführungen haben, motivieren, traditionelle Sinnorientierungen als für sich verbindlich anzuerkennen. Im Gegenteil dienen solche jetzt häufig bloß dazu, bestehende Zweifel noch zu verstärken, statt sie zu beseitigen. Zwar versucht die moderne Theologie das teilweise ungebrochene Bedürfnis der Menschen nach Sinn weiter zu befriedigen, indem sie eine frohe Botschaft bastelt, wie sie ihrer Meinung nach auf die heutige Welt paßt, trotzdem erreicht sie dieses Ziel immer seltener. Offenbar soll das angeschlagene Christentum um jeden Preis ins dritte Jahrtausend hinübergerettet werden.

Dabei kann man durchaus zugeben, daß der heutige Wertekanon der Freiheit, Gleichheit, gegenseitigen Achtung und Solidarität auch in der christlichen Tradition wurzelt, die über Jahrhunderte hinweg die europäische Leitkultur bildete und heute noch teilweise ist. Dennoch haben die großen Glaubensgemeinschaften mittlerweile ihr Sinndeutungsmonopol verloren, was die genannten Grundwerte allerdings kaum berührt. Diese etablieren sich selbst, und ansonsten lassen sie sich auf weltanschaulich neutrale Weise auch ethisch begründen. Jedenfalls schreitet der Prozeß der Entchristlichung in Europa unaufhaltsam fort, mögen auch vielerorts in Ost und West religiöse Fragen immer wieder aufs neue aufbrechen. Manche wünschen sich dann in die sichere Enge alter Strukturen zurück. Aber es erwarten immer weniger Menschen noch wie selbstverständlich eine Antwort vom Christentum, das, mit welchem Gottesbild auch immer, in Europa keine Zukunft mehr zu haben scheint. So stecken gegenwärtig viele traditionsgestütze Wertorientierungen, religiöse Glaubenslehren und Riten in einer tiefen Plausibilitäts- und Bindungskrise. Sie erreichen die Menschen einfach nicht mehr, die manchmal wie Wünschelrutengänger nach Ersatz für die versiegten alten Sinnquellen suchen.

Einer unheimlich-fremden Welt ausgesetzt, ist die Suche nach geistiger Heimat ein ernstes Problem für viele geworden. Einige glauben, sie heute in fernöstlichen Philosophien und Religionen zu finden, die schon amerikanische Intellektuelle der fünfziger Jahre als Alternative zum dekadenten Lebensstil der westlichen

Konsumgesellschaft für sich entdeckten. Andere flüchten in moderne Esoterik: kosmische Stimmungsbilder, gemalt mit pompösen Begriffen fast ohne jede Bedeutung. Näher betrachtet gleichen sie parfümierten Badezusätzen für kalte Tage. Doch selbst wenn spirituelle Phantasien und mythische Geschichten die Menschen weiter beflügeln sollten, die überlieferten Glaubensvorstellungen verschwinden immer weiter aus unserem gesellschaftlichen Leben. Während man in den 60er Jahren noch Marihuana oder Haschisch rauchte und LSD nahm, um Transzendenz zu erfahren, mitunter Gott zu schauen, wirft man sich heute eine Ecstasy-Pille ein, um nur einfach am Samstag abend gut drauf zu sein. Auch das beweist, daß die religiösen Bindungskräfte hierzulande erschlafft und ihre Anschlußkräfte mittlerweile weitgehend verbraucht sind.

In dieser Situation wird vieles vom vormals Ernsten nicht mehr ernst genommen. Wer sich innerlich nicht mehr an traditionelle Orientierungen und Werte gebunden fühlt, läßt sich sogar leicht dazu verleiten, die argumentationsschwachen Restbestände der Religion ins Lächerliche zu ziehen. Diese werden jetzt belächelt, umschmunzelt, in gönnerhafter Gleichgültigkeit als unzeitgemäß vom Noch-Möglichen ausgeschlossen. Doch von welcher Art ist dieses Lachen und Nicht-mehr-ernst-nehmen? Ist es umstürzlerisch? Untergräbt es die traditionellen Wertbestände? Die Antwort heißt eindeutig: Nein. In der offenen — liberalen und pluralen — Gesellschaft ist das auf die großen Sinnmodelle ausgreifende Lachen nicht so sehr Grund für ihre Erschütterung als vielmehr eine Folge davon. Demnach bringt in der offenen Gesellschaft nicht erst das Lachen über die umfassenden Sinngebäude diese zum Einsturz, sondern umgekehrt ist die offene Respekt- und Rücksichtslosigkeit ihnen gegenüber eine Konsequenz ihrer schwindenden Geschichtsmächtigkeit und mangelnden Überzeugungskraft. Allgemein kann man sagen: Lachen über Religion ist grundsätzlich weniger Ursache als vielmehr Folge einer Erschütterung. Auf die Frage, was es denn war, das ihre Plausibilität zerschlug, wurde bereits im ersten Kapitel andeutungsweise geantwortet.

Hierzu paßt, daß bei uns seit 1969 Gotteslästerung als besonders verletzende Kundgabe der Mißachtung des christlichen Gottes nicht mehr strafbedroht ist; als strafbar gilt nach § 166 StGB allein die bösartige Beschimpfung und grobe Störung der Ausübung eines religiösen Bekenntnisses, sofern diese Verhaltensweisen den öffentlichen Frieden zu gefährden vermögen. Aber wenn auch das Schmunzeln über religiöse Praktiken als Folge und Ausdruck der Erschütterung der christlichen Kultur keine rechtliche Gefährdung mehr für den Lacher bedeutet, eine existenzielle bleibt es für ihn allemal. Lachen beschädigt nicht nur das Objekt, dem es gilt, es kann sogar dem Subjekt schaden, von dem es ausgeht. Spätestens dann, wenn wir über alles lachen und unsere Bindungen an stützende Werte radikal aufkündigen, sehen wir uns einer absoluten Halt- und Orientierungslosigkeit ausgeliefert und verlieren so mit einem Mal die Hilfen, die uns bislang geschützt haben. Denn wo es dem einzelnen mit nichts mehr ernst ist, hat er auch in nichts mehr einen sicheren Stand, und doch bleibt er ganz auf sich gestellt. Deshalb steht er nun in der Not, auf dem schwankenden Grund seiner individuellen Existenz irgendwie sein Dasein zu befestigen, und bei dem Versuch, im eigenen Inneren einen Rückhalt zu finden, in der Gefahr, in dieses Innere wie in einen bodenlosen Abgrund hineinzustürzen. Stehen wir heute — kichernd und lachend — an diesem nihilistischen Punkt?

Eigentlich lacht doch fast niemand über Religion, selbst wenn hin und wieder Witze darüber gemacht werden; viele nehmen sie nur nicht mehr ernst. Im Ergebnis bedeutet das jedoch nahezu dasselbe. Genaugenommen ist Gleichgültigkeit gegen Religion sogar noch schlimmer, als wenn über sie gelacht würde. Denn etwas verlachen heißt zwar, es zu mißachten oder gar zu verachten, es heißt aber zugleich auch, es zu beachten, was durch gleichgültiges Verhalten gerade nicht geschieht. Anders gesprochen: Das Urteil, daß sich etwas nicht mehr sehen lassen kann, setzt immerhin voraus, daß man es sieht; schlimmer wäre es dagegen, wenn man es gänzlich übersähe. Ähnlich bedeutet es manchmal für einen Menschen eine größere Kränkung, nicht wahrgenommen zu werden, als die Feindschaft seiner jeweiligen Mitbürger gegen sich zu spüren.

Auf die Diagnose des zunehmenden Zerfalls religiöser Bindungen und Wertorientierungen gibt es in unserer Gesellschaft mindestens drei Reaktionen. Die einen setzen den Religionsverfall mit einer Krise gleich und sehen im Abbau der traditionellen Sinnwelten eine totale Halt- und Orientierungslosigkeit heraufziehen. Als Gegenwehr empfehlen sie deshalb eine Erneuerung der traditionellen Bindungen und Werte, als ob diese schon durch den Hinweis auf ihre lebenspraktische Bedeutsamkeit für jene, die nichts mehr mit ihnen anfangen können, glaubhaft würden.

Zur Vermeidung solcher Naivität betonen andere, daß es dieser Erneuerung gar nicht bedarf, weil noch mehr Herkunftswelten und Traditionen intakt seien, als häufig behauptet werde. Daher lautet ihre Empfehlung auch nicht Wiedereinsetzung, sondern Fortsetzung der alten Wert- und Sinnformen.

Dritte dagegen umgehen die Schwierigkeit, verlorene Bindungen wiederherzustellen und vergangene Sinnwelten wiederzubeleben, indem sie die Erosion geschichtlicher Kontinuitäten und Wertorientierungen nicht beklagen, sondern im Gegenteil sogar begrüßen. Sie bewerten den beschriebenen Zerfall nicht als Krisenphänomen, der uns ins Haltlose stürze, sondern erkennen ihn tendenziell als positives Faktum an, dessen Vorzug in der Erweiterung der individuellen Entscheidungsspielräume liege, in denen wir über uns selbst und die Form unseres Leben bestimmen könnten.

Die Frage, welche der drei Einschätzungen zutrifft, sei hier nicht beantwortet. Fest steht allein, daß der Zerfall traditioneller Bindungen und Sinnorientierungen durchaus dazu führen kann, nichts mehr ernst zu nehmen, über alles zu lachen, so daß das Ganze ins Haltlose abgleitet. Dabei kann das Lachen für den Auslacher selbst zu einer großen Gefahr werden, wenn er dadurch, daß er nichts mehr ernst nimmt, den Boden unter den Füßen verliert und in einen Abgrund hinabgezogen wird.

Aber wie das Lachen uns in einen solchen Abgrund hineinzuziehen vermag, so kann es uns auch über diesem halten. Neben allem anderen ist Lachen nämlich gleichfalls eine distanzierende Macht — eine Macht, die Abstand schafft. Das macht das Lachen gefährlich, daß es das Offizielle, Haltgebende auf Distanz lachen kann. Das macht das Lachen aber auch tröstlich, weil es genauso Unangenehmes, Beschwerliches, Mühseliges auf Abstand bringen kann. Der Verzicht auf jederlei Ernst, der uns um unseren Lebenshalt bringt, vermag uns somit zugleich im und am Leben zu halten.

Lachen als tröstende Kraft

So alt wie der Mensch ist der Verdruß über die Unzulänglichkeit seines Daseins. Mit sich und seinem Schicksal hadernd, sucht er stets nach Entlastungen von den Sorgen und Ängsten seines Alltags. Selbst nachdem er sich die Krone der Schöpfung aufgesetzt hatte, empfand er seine Nase noch immer als unpassend, die Gebrechen des Alters, die Anfälligkeit seines Leibes für Krankheiten, auch dessen Angreifbarkeit durch Hitze und Frost sowie den bevorstehenden Tod, gegen den sich bekanntlich nichts ausrichten läßt, sogar seine Sexgier, deren flüchtige Befriedigung allzu schnell vorübergeht, als empörenden Unfug, dem er manchmal — sei es auch nur für Augenblicke — gerne entfliehen möchte. Mit diesen und anderen Mühseligkeiten hängt aufs engste das Lachen zusammen, mit dessen Hilfe sich hin und wieder das beschwerliche Dasein leichter ertragen läßt. Folglich dient im normalen Alltag der Humor oft als Trost, als Bewältigungsmittel, als eine Art Medizin. Denn er bedroht und relativiert nicht nur das Ernste; er hilft uns auch, über die drängendsten Probleme unserer Existenz hinwegzukommen, sinnwidrige und bittere Daseinslagen zu bestehen, indem er Abstand zur Härte des Lebens schafft.

Menschliches Dasein bedrücken im Laufe seines kurzen Lebens zuweilen bittere Tatsachen und harte Notwendigkeiten. Zu solchen unserer Verfügbarkeit entzogenen Widerfahrnissen gehört als selbstverständliche, unwiderrufliche Tatsache das Faktum, überhaupt geboren worden zu sein; schwerer jedoch wiegen, wie erwähnt, Leid, Krankheit, Verlassenheit und Tod. Alle Schicksalsschläge verbindet deren Unerbittlichkeit, ihre Gleichgültigkeit gegenüber jenen, die sie tragen und ertragen müssen. Sinnwidrige, daseinsbedrohende Lebensläufe können durch vielerlei verursacht werden, durch die Natur genauso wie durch Geschichte und Gesellschaft, durch andere Menschen ebenso wie durch einen selbst. Der möglichen Verschließung solcher Leidquellen, der Not und des Mißgeschicks sind klare Grenzen gezogen. Denn die glückswidrigen Zeiten ereignen sich mit uns, durchkreuzen unsere Pläne und Erwartungen, zerstören dabei Hoffnungen, hindern Glück, ohne daß wir immer etwas dagegen unternehmen können.

Dann müssen wir das Unabwendbare hinnehmen, es ungefragt ertragen, ja, damit fertig werden. Der auf Daseinsfristung angelegte Mensch ist immer auch auf Daseinsbewältigung bedacht. Er ist darum bemüht, sich über das Faktum, das er nun einmal für sich selbst wie für andere ist, zu beruhigen, sich mit seinem Leben abzufinden, mit seinem Schicksal ins Einvernehmen zu kommen. Doch kann solche Aussöhnung für den einzelnen zu einer unmöglich scheinenden Aufgabe werden, die schließlich

Der Jugendliche   Der Atlant

Boboli-Sklaven 1530–1534

bleibt, einen solchen grundsätzlich nicht aus, aber wie leicht kippt dieses Schweigen in die Vermutung und Feststellung um, daß mit den Tatsachen der wertfreien und sinnindifferenten Wirklichkeit bereits alles abgetan ist. Dementsprechend bemerkt Weber: «Wenn irgend etwas, so sind die Wissenschaften geeignet, den Glauben daran: daß es so etwas wie einen Sinn der Welt gibt, in der Wurzel absterben zu lassen!» Tatsächlich lebten wir heute «in einer gottfremden, prophetenlosen Zeit» und fänden allenfalls noch in der Kultur Sinn, aber nicht mehr im Weltall: «Kultur ist ein vom Standpunkt des Menschen aus mit Sinn und Bedeutung bedachter endlicher Ausschnitt aus der sinnlosen Unendlichkeit des Weltgeschehens.»

Dies alles deutet darauf hin, daß der wissenschaftliche Objektivismus sowohl in inhaltlicher als auch in methodischer Hinsicht wesentlich dazu beigetragen hat, eine Weltauslegung auf den Weg zu bringen, in der das Weltall nach und nach seine Sinngestalt und der Mensch mehr und mehr seine Bedeutsamkeit verlor. Gäbe es nicht die Erfolge der Naturwissenschaften, die alle Zweifel an deren Glückswürdigkeit überdecken, so könnte man sich konsequenterweise nicht der Frage erwehren, ob ihre Anstrengungen überhaupt der Mühe und des Aufwandes wert sind. Denn der wissenschaftsbedingte Sinn- und Bedeutsamkeitsverlust von Welt und Mensch ruft doch glückswidrige Erfahrungen und Befindlichkeiten hervor.

Kränkungen des Selbstwertgefühls

Von den Methoden und Ergebnissen der modernen Naturwissenschaften geht eine dreifache glücksbedrohende Wirkung aus: Die eine betrifft die Welt, die andere bezieht sich auf das Verhältnis des Menschen zur Welt, und die dritte schließlich geht direkt den Menschen an.

Die bedrückendste Erfahrung der Welt, die wir machen können, ist die ihrer Überflüssigkeit und Vergeblichkeit; eine düstere Befindlichkeit als Folge des Verhältnisses des Menschen zu seiner als vergeblich empfundenen Welt ist dann die Grundlage für Weltangst; die erschreckende Empfindung, welche die wissenschaftlichen Erkenntnisse über die Menschen hervorrufen, bedeutet dagegen eine Kränkung ihres Selbstwertgefühls. Alle drei glückswidrigen Eindrücke und Stimmungen, die sich auf vielfältige Weise in der Moderne zeigen, sprechen nicht von Gewinnen, die wir durch das Wissen erfahren, sondern von Verlusten, die wir durch das Wissen erleiden. Im folgenden sollen allein die Kränkungen des Menschen durch die Wissenschaft erörtert werden; auf das Problem der Vergeblichkeit der Welt sei erst im nächsten Kapitel eingegangen.

Während in der Antike Wissensvermehrung gleichbedeutend mit Glücksvermehrung war, ist in der Moderne das Wissen zu einer Quelle des Unbehagens geworden. Das moderne Wissen enttäuscht nicht nur unser Verlangen nach einem umgreifenden Weltsinn, es widersetzt sich auch unserem Anspruch auf eigene Wertbesonderheit in der Welt. Gerade die wissenschaftlichen Erkenntnisse über uns Menschen beeinträchtigen unser Selbstbewußtsein nachhaltig; sie werden oft mit großer Bestürzung und Beklemmung zur Kenntnis genommen, als Kränkungen und Demütigungen empfunden. Treffend bemerkt Hans Blumenberg, daß gewöhnlich «die Reihe der neuzeitlichen Demütigungen des Menschen durch Wissenschaft [...] mit Kopernikus eröffnet»[58] werde. Die bekannteste Beschreibung der Entwertung des Menschen durch wissenschaftliche Entdeckungen aber stammt von Sigmund Freud: «Zwei große Kränkungen ihrer naiven Eigenliebe hat die Menschheit im Laufe der Zeit von der Wissenschaft erdulden müssen. Die erste, als sie erfuhr, daß unsere Erde nicht der Mittelpunkt des Weltalls ist [...]. Die zweite dann, als die biologische Forschung [...] ihn auf die Abstammung aus dem

Tierreich [...] verwies [...]. Die dritte und empfindlichste Kränkung aber soll die menschliche Größensucht durch die heutige psychologische Forschung erfahren, welche dem Ich nachweisen will, daß es nicht einmal Herr ist im eigenen Hause.»[59] Alle drei Tatsachen werden vor Freud zwar von Nietzsche bereits genannt, von Kränkungen aber wird dabei noch nicht gesprochen. Eine Ausnahme bildet David Hume; seiner Ansicht nach bedeutet es eine «große Kränkung für die Eitelkeit des Menschen, daß die Hervorbringungen seiner größten Kunstfertigkeit und seines größten Fleißes den geringsten Werken der Natur nicht gleichkommen.»[60] Offensichtlich versteht er etwas anderes unter Kränkung als Freud, nach dem die größte aller möglichen Demütigungen des Menschen darin besteht, sich als ein nichtiges und ohnmächtiges Stück vergängliche Natur erkennen zu müssen.

Seit Freud ist man immer wieder darum bemüht, den Katalog der Kränkungen durch das Wissen zu erweitern. Rudolf Carnap zählt bereits sechs Kränkungen auf: «Durch Kopernikus wurde der Mensch aus der Erhabenheit seiner zentralen Stellung im Weltall verstoßen; durch Darwin wurde ihm die Würde des übertierischen Sonderwesens geraubt; durch Marx wurden die Faktoren, durch die der Geschichtsverlauf kausal zu erklären ist, aus der Sphäre der Ideen in die des materiellen Geschehens herabgezogen; durch Nietzsche wurden die Ursprünge der Moral ihres Nimbus entkleidet; durch Freud wurden die Faktoren, aus denen die Vorstellungen und Handlungen des Menschen kausal zu erklären sind, in dunkle Tiefen, in niedere Regionen verwiesen [...]. Nun soll die Psychologie [...] zu einem Teil der Physik herabgewürdigt werden.»[61] Mittlerweile sind noch weitere Beispiele hinzugekommen.

Gerhard Vollmer nennt neben den genannten die «ökologische Kränkung»[62], nach der wir Menschen «in zahlreiche komplizierte Ökosysteme und damit letztlich in die gesamte Biosphäre eingebunden sind [...] und [...] doch zugleich unfähig sind, diese Systeme zu durchschauen»; außerdem eine «ethologische Kränkung», nach der wir «auch in unserem Verhalten aus dem Tierreich hervorgegangen und stammesgeschichtlich mit ihm verbunden sind»; zudem eine «epistemologische Kränkung», nach der unsere Erkenntnisfähigkeiten das Ergebnis naturgeschichtlicher Prozesse sind; ferner eine «soziobiologische Kränkung», nach der wir uns sozial und altruistisch verhalten, weil «wir — wie alle Lebewesen — darauf programmiert sind, für die Erhaltung und Vermehrung unserer Erbanlagen, unserer Gene zu sorgen»; überdies eine Kränkung durch das «Computermodell des Geistes», welches das eigentliche Humanum in Formeln, Algorithmen oder Programmen zu fassen sucht, und schließlich als die nächstbevorstehende eine «neurobiologische Kränkung», nach der geistige Prozesse und neuronale Prozesse aufs engste miteinander verbunden sind.

Darüber hinaus kann sich die angebliche Krone der Schöpfung auch durch Viren und Bakterien, Zecken, Kakerlaken, Quallen und Haifische in den Schatten gestellt sehen. Nicht nur daß erstere unsere Anpassungsfähigkeit an veränderte Lebensumstände bei weitem übertreffen, einige der genannten Lebewesen würden sogar die für uns tödliche Wirkung atomarer Waffen ohne den geringsten Schaden überstehen. Davon abgesehen brauchen wir uns nichts auf unser evolutionäres Alter einzubilden; schon Haifische existieren hunderte Millionen Jahre länger als wir auf der Erde.

Der wissenschaftliche Forschritt hält eben ganz unterschiedliche Kränkungen für den Menschen bereit. Doch anscheinend gehen diese Entzauberungen immer noch nicht weit genug: Genetik, Neuro- und Computerwissenschaften verstärken heute den Verdacht, daß der menschliche Organismus ein neuronales Mehrprozessorensystem und eine ohnmächtige Überlebensmaschine ist. Der Mensch scheint daher nicht bloß ein sorgengeplagtes Säugetier, sondern zugleich Artgenosse der von ihm selbst erfundenen Computer zu sein: Der Mensch — ein komplexes Informationsverarbeitungssystem, dessen Geistesleben stärker als bisher vermutet von seinen Erbanlagen und Hirnprozessen bestimmt wird.

Aber so heterogen die verschiedenen Kränkungen sind, grundsätzlich stimmen sie alle in einem Punkt überein: Sie markieren einen ungeheuren Wertverlust des Menschen durch seine erbarmungslose Einordnung in den Naturzusammenhang. Die Wissenschaft zieht den Menschen radikal — und mit jeder neuen Entdeckung rücksichtsloser — in das Naturgeschehen hinein und nimmt ihm dabei nach und nach jeglichen Grund für eine Sonderstellung in der Welt. Die Enttäuschung darüber läßt manche Zeitgenossen viele der wissenschaftlichen Entdeckungen als demütigend und kränkend empfinden.

In der Konsequenz dieses Denkens liegt es, daß irgendwann schon unsere bloße Zugehörigkeit zur Welt als bittere Zumutung erfahren werden muß. Denn vor dem Hintergrund des Gesagten heißt doch als Teil der Natur zu existieren, flüchtig, unerheblich, vergänglich und ohnmächtig zu sein. In diesem Sinne schrieb bereits 1934 Burkamp unter der Überschrift *Demütigungen des Menschen*[63], daß es für das Ich bereits schlimm sei, sich als «ein Stück der Welt» zu erkennen, weil es als solches weder aus der Welt herausrage noch der Welt eigentlicher Wert sein könne, sondern nur die Bedeutung eines kleinen, schwachen, vergänglichen Gliedes des Ganzen habe.

In der Gegenwart empfindet Blumenberg — wie schon seinerzeit Burkamp — das bloße Eingebundensein des Menschen in die Welt als Kränkung. Denn in der Welt sein heißt für ihn, dem eigenen Tod und der Gleichgültigkeit der Natur ausgesetzt zu sein: «Freud hat von den Kränkungen gesprochen, die dem Menschen angetan worden sind: durch Kopernikus, durch Darwin und durch ihn, Freud, selbst [...]. Es ist die Frage, ob mit den drei Namen die härteste Bedürftigkeit annähernd erfaßt werden konnte, die den Menschen zum trostbedürftigen Wesen macht: der Tod.»[64] Dieser erscheine als kränkend, weil er die in eine unermeßliche Weltzeit eingebettete eigene Lebenszeit unbarmherzig begrenze. Es sei für uns Menschen eine «unvermeidliche Kränkung, alles übrige ohne Rücksicht auf das Faktum des eigenen Ausscheidens aus der Welt unbetroffen und ungerührt fortbestehen zu wissen.»[65] Damit ist zugleich die zweite Kränkung unseres bloßen In-der-Welt-seins ausgesprochen: die «Rücksichtslosigkeit der Welt gegenüber jedermann.» Blumenberg kennzeichnet die Einsicht, «daß die Welt dieselbe wäre, wenn es uns selbst nie gegeben hätte, und alsbald dieselbe sein wird, als ob es uns niemals gegeben hätte», als die «bitterste aller Entdeckungen, die empörendste Zumutung der Welt an das Leben.»

Was hier als Kränkungen durch das bloße In-der-Welt-sein des Menschen in den Blick kommt, sind bei Lichte besehen Folgen der modernen Wissensentwicklung, in der sich der erschreckende Verdacht zur Gewißheit verdichtete, daß der Mensch, ins Stäubchenhafte verstoßen, nicht Mitte und Sinnbezug des Ganzen ist. Die Wissenschaft, die den Menschen radikal in den Naturzusammenhang einfügt, hat die Welt von dem Dienst befreit, sich um den Menschen kümmern und ihn herausheben zu müssen. Es ist leicht zu sehen, wie es vor dem Hintergrund dieser Erkenntnisse zum Gefühl der Kränkung durch unser bloßes In-der-Welt-sein kommen kann. In die Welt geboren zu werden, wird nun zur härtesten Zumutung, die dem Menschen zustoßen konnte. So hat das Wissen allen menschlichen Illusionen eine Ende gesetzt: Seine Glückswürdigkeit ist in Glückswidrigkeit umgeschlagen.

Zustimmung durch Selbstbescheidung

Alle Kränkungen des Wissens zeigen einen ungeheuren Wertverlust des Menschen in der Welt an, der nach Verarbeitung und Bewältigung verlangt. Dabei gibt es ganz unterschiedliche Strategien, um dieser Herausforderung zu begegnen. Hier sei zunächst eine genannt: die Empfehlung, die religiösen und metaphysischen Sinnmodelle fortzusetzen und zu erneuern. Das ist jedoch nur unter der Bedingung problemlos möglich, daß sich ein radikaler Wandel unserer von der Wissenschaft geprägten Einschätzung der Wirklichkeit vollzieht; hierzu aber fehlt gegenwärtig jeder Anhaltspunkt. Die Kränkungen des Wissens werden nicht dadurch bewältigt, daß hinter den Stand gegenwärtigen Wissens zurückgegangen wird.

Ein zweiter Vorschlag gilt der affektiven Neutralisierung des Wissens, dessen Trennung von unseren Glückserwartungen und Eitelkeiten, seiner Abkoppelung von allen erhebenden und niederdrückenden Stimmungen. Solche Bemühungen kommen aber immer schon zu spät, weil alle wissenschaftlichen Erkenntnisse über Mensch und Welt unsere Befindlichkeit nicht unberührt lassen. Sie beeinflussen diese positiv, wenn sie unsere Erwartungen erfüllen, negativ, wenn sie diese enttäuschen. Somit erweisen sich beide Strategien als ungeeignet, die Glückswidrigkeit des Wissens angemessen und wirksam zu bewältigen. Um dieses Ziel zu erreichen, ist eine andere Vorgehensweise nötig und vielleicht erfolgreich.

Zunächst gilt es zu erkennen, daß es für sich betrachtet nicht kränkend und demütigend ist, ein Stück Natur wie alles übrige zu sein. Der Vorstellung vom Menschen als einer wissenschaftlich erforschbaren Naturtatsache haftet an sich ebensowenig Grausames an wie seiner Einschätzung, nur flüchtig im kosmischen Geschehen zu sein. Deshalb muß das Wissen als solches von dem Verdacht freigesprochen werden, kränken zu wollen, auch wenn mit ihm stets bestimmte Befindlichkeiten einhergehen. Jedoch ist hiermit das Problem noch nicht gelöst, sondern allererst gestellt. Denn nun drängt sich die Frage nach dem Ursprung des Gefühls der Kränkung auf. Solange dessen Entstehung unverstanden ist, bleibt eine Beunruhigung zurück, die einen Mangel im Verständnis des Themas anzeigt. Der erste Schritt zu seiner Behebung liegt in der Einsicht, daß nicht Wissen als solches die Kränkungen verursacht, sondern daß diese durch problematische Hintergrunderwartungen zustandekommen. Den Kränkungen des Menschen durch das Wissen liegen Erwartungen zugrunde, welche die Wissenschaft unerfüllt lassen muß. Es handelt sich hierbei um die alten Hoffnungen, die Mitte der Welt zu bilden, in der Stufenordnung der Natur einen ausgezeichneten Rang einzunehmen, Ziel und Absicht der Naturentwicklung zu sein, einen von allem Naturhaften befreiten autonomen Geist und freien Willen zu besitzen und so als Vernunft- und Geistwesen aus der Natur herauszuragen. Alle diese Hoffnungen und Wünsche hat die Wissenschaft nach und nach zerstört; deshalb erscheint sie als kränkend und demütigend.

Nun stellt sich allerdings sofort die Frage nach dem Ursprung dieser Hoffnungen und Erwartungen. Ist der überdehnte Anspruch, Krone und Mitte der Welt zu sein, angeboren oder erworben? Im ersten Falle hätte er den Charakter eines naturwüchsigen Bedürfnisses, das wir nicht umhin können zu haben; im zweiten Falle wäre er etwas geschichtlich Entstandenes, das sich unter bestimmten Bedingungen abbauen ließe.

Wer geschichtlich denkt, neigt der letzteren Vermutung zu, denn die überschwenglichen Hoffnungen und Erwartungen bezüglich unserer Bedeutung in der Welt lassen sich durchaus als Folgelasten des Erosionsprozesses von Religion und Metaphysik deuten. Über die Jahrhunderte an seine Privilegierung als Krone und Mitte der Schöpfung gewöhnt, hat der Mensch allmählich die Vorstellung entwickelt, ihm komme ein besonderer Wert in der Welt zu. Diese lebt selbst dann weiter, wenn Religion und Metaphysik in ihrer Basis erschüttert sind, der Glaube vom Menschen als Krone und Mitte der Schöpfung nicht mehr unangefochten bleibt. So läßt sie sich bis heute keineswegs einfach beseitigen, weil sie, über Jahrhunderte hin ausgeprägt, in vielen Köpfen festsitzt. Mögen auch die großen Sinn- und Systembauten von Religion und Metaphysik in Trümmern liegen, die Erwartungen, Hoffnungen und Ansprüche, die sie ehedem erfüllten, tun es nicht. Es ist ein Irrtum zu glauben, daß mit ihrem Einsturz auch schon die von ihnen entwickelten Sinnbedürfnisse verschwinden. Im Gegenteil: Sind diese erst einmal geweckt, melden sie sich umso hartnäckiger, je weniger Aussicht auf ihre Erfüllung besteht. Dabei kommt es zum Zusammenprall des Wunsches nach herausragender Bedeutung in der Welt und der Verweigerung seiner Erfüllung durch die Wissenschaft; die Folge hiervon ist ein Gefühl tiefster Enttäuschung, die wie alle Enttäuschung unerfüllte Erwartung ist.

Nicht die wissenschaftlichen Erkenntnisse selbst sind also schon kränkend; was schmerzt, ist allein die Tatsache, daß sie die von Religion und Metaphysik hinterlassenen Sinnerwartungen, die sich nicht einfach beseitigen lassen, nicht zu erfüllen vermag. Mit Nietzsche gesprochen: «Wenn die Menschen, so wie sie immer noch thun, ihre Verehrung und ihr Glücksgefühl für die Werke der Einbildung und der Verstellung gleichsam aufsparen, so darf es nicht Wunder nehmen, wenn sie sich beim Gegensatz der Einbildung und Verstellung kalt und unlustig finden. Das Entzücken, welches schon beim kleinsten sicheren endgültigen Schritt und Fortschritt der Einsicht entsteht und welches aus der jetzigen Art der Wissenschaft so reichlich und schon für so Viele herausströmt, — dieses Entzücken wird einstweilen von allen Denen nicht geglaubt, welche sich daran gewöhnt haben, immer nur beim Verlassen der Wirklichkeit, beim Sprung in die Tiefen des Scheins entzückt zu werden. Diese meinen, die Wirklichkeit sei hässlich: aber daran denken sie nicht, dass [...] wer oft und viel erkennt, zuletzt sehr ferne davon ist, das grosse Ganze der Wirklichkeit, deren Entdeckung ihm immer Glück gab, hässlich zu finden.»[66]

Bei näherem Zusehen zeigt sich also, daß die Kränkung des Menschen durch Wissenschaft Ausdruck einer Entzugs- und Verlusterfahrung ist, die den Schmerz desjenigen artikuliert, dem etwas abhanden gekommen ist, das er ehedem zu besitzen glaubte und nun vermißt. Die Wissenschaft, die den Menschen erbarmungslos und mit jeder neuen Entdeckung durchgreifender in den Naturzusammenhang einordnet, erscheint glückswidrig und demütigend, weil sich der Mensch einst eine Sonderstellung in der Welt zuerkannte, die ihm die Wissenschaft raubte, ohne ihm das Bedürfnis danach nehmen oder Ersatz bieten zu können; infolgedessen fehlt ihm diese nun und er entbehrt sie. In der Konsequenz dieses Gedankens liegt: Hätte man uns nie zur Krone und Mitte der Welt gemacht, so wäre uns mit dem Verlust unserer Sonderstellung in der Welt das schmerzhafte Gefühl der Kränkung durch Wissen auch erspart geblieben, ja es wäre erst gar nicht entstanden.

Mit der Einsicht in diese Zusammenhänge rückt eine mögliche Überwindung der Kränkungen durch Wissenschaft greifbar nahe. Zwar ist es aussichtslos, so zu tun, als ob es diese Metaphysik und solche Theologie nie gegeben hätte, vielleicht aber ist es möglich, die von ihnen geweckten Erwartungen und Wünsche bezüglich unserer Stellung und Bedeutung in der Welt abzubauen. Sicherlich fällt der Abschied von den großen Sinnversprechen schwer, soll aber die Frustration über die Enttäuschung ihrer Uneinlösbarkeit ausbleiben, so setzt das die Bereitschaft zu mehr Bescheidenheit voraus. Nur durch freiwilligen Verzicht lassen sich Verluste, Versagungen und Entbehrungen wirksam ausgleichen. Erst wo wir nicht mehr den Anspruch auf die Krone der Schöpfung erheben, weicht das Gefühl der Kränkung durch

Wissenschaft, und es schmerzt nicht mehr, bloß ein vergängliches Stück um sich selbst besorgter Natur zu sein.

Mit Holbach gesprochen: «ohne uns zu befragen, stellte uns
die Natur für eine Zeitlang in die Reihe der organisch gebauten
Wesen, die wir später ohne unsere Zustimmung wieder verlassen
müssen [...]. Beklagen wir uns also nicht über ihre Härte; sie un-
terwirft uns einem Gesetz, von dem sie keines der Dinge ausnimmt, die sie umschließt. Wenn alles entsteht und vergeht,
wenn sich alles verändert und auflöst, wenn die Entstehung eines
Dinges stets nur der erste Schritt zu seinem Ende ist: wie sollte
der Mensch [...] von einem allgemeinen Gesetz ausgenommen
sein, nach dem sich die feste Erde, die wir bewohnen, ändert,
wandelt und vielleicht zugrunde geht!»[67] Ähnlich bezeichnet
Nietzsche als das «neue Grundgefühl: unsere endgültige Vergänglichkeit. — Ehemals suchte man zum Gefühl der Herrlichkeit des
Menschen zu kommen, indem man auf seine göttliche Abkunft
hinzeigte [...]. Ach, [...] damit ist es nichts [...]! Wie hoch die
Menschheit sich entwickelt haben möge [...], es giebt für sie keinen Übergang in eine höhere Ordnung, so wenig die Ameise und
der Ohrwurm am Ende ihrer Erdenbahn zur Gottverwandtschaft
und Ewigkeit emporsteigen [...]; warum sollte es von diesem
ewigen Schauspiele eine Ausnahme für irgend ein Sternchen und
wiederum für ein Gattungchen auf ihm geben.»[68]

Nur wenn es gelingt, diese Erwartungen aus Einsicht in ihre
Unangemessenheit und Vermessenheit zu mäßigen oder zu sen-
ken, dann wird man das, was uns angeblich durch die Naturwissenschaften zugefügt wird, nicht mehr als ungeheure Zumutung
und schmerzhafte Kränkung empfinden. Die wichtige Frage
bleibt allerdings, ob auch nichts diese Bemühungen behindert
oder gar blockiert. Hier geraten wir in eine Grauzone der Unsi-
cherheit.

Eines aber steht dennoch fest und läßt sich nur schwer leugnen: An vielen Orten unserer Gesellschaft ist die Entwicklung

bereits so weit fortgeschritten, daß die unsere Sinnerwartungen
ernüchternden Erkennntnisse der Wissenschaft kein Gefühl der
Kränkung und Entbehrung mehr wecken. Diese abnehmend
provokative Kraft wissenschaftlicher Erkenntnisse hat weniger
damit zu tun, daß letztere sich als irrelevant für das menschliche
Selbst- und Weltverständnis erwiesen hätten, wie man uns zuweilen glauben machen möchte, sondern vielmehr damit, daß
viele von uns schon gar nicht mehr die Erwartung einer Sonderstellung im unermeßlichen Universum haben. Es wäre aber vor-
eilig, hieraus zu schließen, daß der Fortfall der überschwenglichen Sinnzusagen nirgendwo mehr als unerträgliche Zumutung
angesehen wird. Im Gegenteil bleibt bis auf weiteres vielerorts ein
Unbehagen nicht nur an den Erfolgen, sondern auch an den Ergebnissen der Naturwissenschaften bestehen. Nach wie vor tun
sich viele damit schwer, ihre eigene Existenz und die Wirklichkeit insgesamt vom wissenschaftlichen Weltbild aus zu verstehen,
weil dieses den Wunsch, die Welt möge sich anders als stumm,
rücksichtslos und unbegründbar zeigen und der Mensch mehr
als nur ein vergängliches Stück Natur sein, als unerfüllbar zurück-
weist und damit wiederum Zweifel an der Vereinbarkeit von Wissen und Glück hervorruft.

Sollte es uns aber einmal gelingen, die überdehnten Sinnerwartungen völlig abzubauen, uns mit dem verwissenschaftlichten
Weltall ohne höheren Sinn und Zweck ins Einvernehmen zu setzen und uns mit uns selbst als einem vergänglichen Stück Natur
auszusöhnen, bleibt es dennoch Wunschbild und Verlockung,
der Welt einen höheren Sinn und Wert abzujagen und uns selbst
eine Sonderstellung in ihr einzuräumen. Denn wir fühlen uns
nur in Sinn- und Wertzusammenhängen wirklich geborgen, und
nichts ist für den Einzelnen normalerweise bedeutsamer als er für
sich selbst. Ob wir also dahinkommen, die fälligen Abstriche an
den uns vorgegebenen Erwartungshorizonten durchzuführen, so
daß wir das Fehlen der emphatischen Sinnzusagen nicht einmal

mehr bemerken, ist nach alledem eine Frage, die sich weder durch philosophische Argumentation entscheiden läßt, noch ein Ziel, das durch philosophische Überlegung herbeigeführt werden kann, sondern vielmehr ein Punkt, der nicht so sehr von uns selbst als vielmehr von unserer Veranlagung, Bildung, Eitelkeit, Sozialisation und kulturellen Umwelt abhängt.

Aber selbst wenn wir ohne überschwengliche Sinnzusagen auskommen, die noch so ernüchternden Erkenntnisse über Mensch und Welt nicht mehr als kränkend und glückswidrig empfinden, weil wir damit zu leben, vielleicht sogar ins Einvernehmen zu kommen gelernt haben, so ist hierdurch doch noch keines unserer Lebensprobleme gelöst und keine Quelle des Trostes für unsere sinnwidrigen Lebenslagen gefunden. Fest steht allein, daß es für ein ausschließlich an den Wissenschaften orientiertes Selbst- und Weltverständnis außerhalb der menschlichen Gemeinschaften, der Kultur- und Lebenswelten keinen Sinn und Trost geben kann. Man wird darüber streiten, ob dies zum Leben reicht, man darf aber nicht übersehen, daß selbst wenn dies nicht der Fall sein sollte, die in einer tiefen Bindungs- und Plausibilitätskrise steckenden religiös-metaphysischen Sinnentwürfe ihrer bloßen Wünschbarkeit wegen nicht schon wieder glaubwürdig werden. Hier wie sonst bleiben beunruhigende Restfragen, ja, Konflikte übrig, die sich nicht lösen, sondern allenfalls schlichten lassen. Einen Konflikt schlichten aber heißt: man arrangiert sich irgendwie — das ist alles.

VERGEBLICHKEIT DER WELT

Die Beseitigung des Sinnbechers

Eines sind die Kränkungen der menschlichen Eitelkeit durch die modernen Wissenschaften, ein anderes die Vorstellung einer vergeblichen Welt. Daß vieles in der Welt, sogar sie selbst, vergeblich ist, sagt sich leicht und steht gerade deshalb im Verdacht, schwer verständlich zu sein. Mag auch der Begriff Vergeblichkeit uns auf den ersten Blick völlig vertraut erscheinen, so ist doch nicht ohne weiteres klar, was er bedeutet. Mancher wird antworten, mit der Formel «Vergeblichkeit der Welt» sei gar nichts gesagt, und richtig an dieser Bemerkung ist, daß damit — allem Anschein zum Trotz — nichts über die Welt, aber durchaus etwas über unser Verhältnis zu ihr und somit über uns selbst gesagt wird. Wenn dies stimmt, dann ist Vergeblichkeit eine Bezeichnung, die nicht direkt auf innerweltliche Ereignisse und die Welt selbst zutreffen kann. Zwar hat der generelle Ausdruck Vergeblichkeit wie alle anderen Kennzeichnungen die Funktion, Gegenstände, Zustände und Ereignisse zu charakterisieren, doch sagt er nichts über diese selbst aus, dagegen viel über unsere Erwartungen an sie: Nur im Lichte unerfüllter Hoffnungen erscheinen Gegenstände, Zustände und Ereignisse als vergeblich; innerweltliche Sachverhalte und die Welt an sich können niemals vergeblich sein. Daher lassen sich auch Vergeblichkeitserfahrungen, insofern es sie tatsächlich gibt, allein durch Abbau von Erwartungen vermeiden.

Im folgenden geht es um zwei im Verlauf der Neuzeit entstandene Erfahrungen der Weltvergeblichkeit: eine gemäßigte und eine maßlose, wobei sich erstere auf innerweltliche Sachverhalte, letztere auf die Welt selbst bezieht. Da beide sowohl dem antiken Griechentum als auch dem christlichen Mittelalter tendenziell fremd waren, stellt sich die wichtige Frage nach ihren spezifisch neuzeitlichen Entstehungsbedingungen, denn deren Beantwortung bildet notwendigerweise die Voraussetzung für das Verschwinden oder die Vermeidung dieser negativen Welterfahrungen. Allerdings dürfen wir nicht bei deren bloßer Feststellung stehenbleiben. Eine durchgreifende Beseitigung ihrer Entstehungsbedingungen ist eine unerläßliche Voraussetzung für die Befreiung der Menschen unseres Zeitalters und Kulturkreises von nihilistischen Weltauffassungen.

Erheblichkeit der Welt

Die Vergeblichkeit der Welt ist ein spezifisch neuzeitliches Schlagwort, dem das ganze Gewicht der antiken und mittelalterlichen Tradition entgegenzustehen scheint, in welcher dem All fast ausschließlich Bedeutung und Erheblichkeit zugedacht wurden. Zwar gibt es auch Dokumente antik-griechischer, biblisch-jüdischer und mittelalterlich-christlicher Autoren, welche die Nichtigkeit und Vergeblichkeit des Menschen beklagen, wie etwa der griechische Lyriker Simonides, der jüdische Denker Kohelet und der mittelalterliche Theologe Lotario de Segni, der spätere Papst Innozenz III, aufs Ganze gesehen fehlt aber der Gedanke der Vergeblichkeit der Welt; im Gegenteil ist, von Ausnahmen wie etwa der Gnosis und dem Neuplatonismus abgesehen, kein Hauch eines Zweifels an der Erheblichkeit der Welt zu verspüren.

Weit entfernt von einer negativen Weltsicht, sahen die meisten antiken Griechen in der Welt einen Wert — viele von ihnen sogar das höchste Gut. Im Altertum stellte man sich das Weltall als «Kosmos» vor, was soviel wie «schönes Schmuckgebilde» bedeutet; das Wort «Kosmetik» erinnert noch heute daran. Das herrlich geschmückte Weltall bildete einen harmonischen Ordnungszusammenhang, der die Qualität des Göttlichen trug. Dabei wurde der Kosmos tendenziell als heilig und vollkommen bewertet, als ein geordnetes Ganzes, das aus sich heraus besteht und dessen Ursprung daher nicht supranatural, das heißt weltjenseitig ist. Nach Auffassung der antiken Griechen waltet zwar in der göttlichen All-Natur eine ordnende, lenkende Macht, eine Weltseele, diese darf aber nicht mit dem außerweltlichen, personalen Gott verwechselt werden, wie wir ihn aus dem Christentum kennen. Statt dessen wurde das Weltall im Altertum selbst als Gottheit betrachtet, ein ewiges, beseeltes Lebewesen, dessen Vernünftigkeit und Wohlgeratenheit gänzlich außer Frage stand. Der äußeren Erscheinung nach glich der Kosmos einer Kugel — für die Griechen die vollkommenste aller möglichen Formen. Anfangs- und endlos existierend, galt der Kosmos als das Schönste überhaupt, außer und über dem es nichts anderes gab. Daher ist es nicht weiter verwunderlich, daß man in der bewundernden Betrachtung des Alls die höchste Aufgabe des Menschen sah. Nie wäre man auf den Gedanken gekommen, den Kosmos als etwas Vergebliches oder Unnützes anzusehen.

Neben dieser weltvergöttlichenden, sogenannten pantheistischen Sichtweise gab es in der antiken Philosophie vereinzelt auch materialistische Anschauungen, in denen die Vorstellung vom vollkommenen Kosmos einen spürbaren Bedeutungswandel durchmachte. Das Weltall war darin nichts Göttliches mehr, sondern nur noch etwas Natürliches: ein aus zahllosen Atomen bestehendes Ganzes, über das hinaus nichts existierte und das ebenfalls als unentstanden und unvergänglich, eben aus sich heraus bestehend galt. Außerdem hatte das Weltall für die griechischen Materialisten Demokrit, Epikur und Lukrez nicht die Gestalt einer räumlich begrenzten Kugel, sondern war von unendlicher Ausdehnung und umfaßte eine unendliche Anzahl von Welten, worunter man sich zahllose Planetensysteme vorstellte. Dieses materialistisch interpretierte, unendliche Weltall war zwar nicht mehr von bewunderungswürdiger Vollkommenheit, wurde aber mit keinem Wort als vergeblich oder entbehrlich beschrieben, da es das Existenzgewicht von dem besaß, das aus Mangel an Möglichkeit, überhaupt nicht zu sein, mit absoluter Notwendigkeit besteht.

Diese Einschätzung geht zwar der christlichen Schöpfungsordnung ab, dennoch bleibt die Idee der Erheblichkeit des Alls bewahrt. Die Welt gilt der Christenheit als das vergängliche Werk eines außerweltlichen Schöpfers, der sie aus freien Stücken hervorgebracht hat, demzufolge es sie nicht notwendigerweise gibt. Offenbar werden im mittelalterlichen Denken die antiken Weltvorstellungen einer grundlegenden Änderung unterworfen. Nun war die Welt weder pantheistischer Kosmos noch materialistische Natur, sondern kreatürlicher Ordo: ein hierarchisch geordneter Stufenbau, der sich auf Gottes Macht, Weisheit und Fürsorge zurückführen ließ. Dabei erschien zwar die Schöpfungsordnung, dem griechischen Kosmos ähnlich, als schön, vollkommen und gut, grundsätzlich aber standen diese Bestimmungen im christlichen Mittelalter unter Vorbehalt: Die Schönheit der Welt wurde nicht mehr als Selbstwert gesehen und ihre bewundernde Betrachtung nicht mehr als höchste Glückserfüllung empfunden, da in diesem Falle der Gläubige die Abhängigkeit des Ganzen von Gott verkennen und seine Erlösungsbedürftigkeit vergessen könnte. Dabei spielte im frühen Weltbild des Christentums die Frage nach dem Ort der Erde und des Menschen im Kosmos kaum eine Rolle. Auch wenn von Augustinus im 4. Jahrhundert bis Thomas von Aquin im 13. Jahrhundert das Weltall geozentrisch und räumlich begrenzt vorgestellt wurde, blieb doch im Mittelalter die Kosmologie weithin in den Hintergrund gedrängt. Im Vordergrund standen Fragen der Ontologie, das heißt solche nach der Stufen- und Rangordnung von Natur, Aufbau, Herkunft und Ziel der Schöpfung.

Erst im Spätmittelalter erfuhr die Kosmologie wieder größere Beachtung. So sprengte Nikolaus von Kues im 15. Jahrhundert das damalige geozentrische Weltbild, indem er das Weltall als unendlich, rand- und mittelos vorstellte. Dabei galt bei ihm die Unendlichkeit des Weltalls aber noch keineswegs als Widerlegung des außerweltlichen Schöpfers, sondern im Gegenteil als Zeichen seiner Schöpferkraft. Wie bereits erwähnt, sahen Nikolaus von Kues, Giordano Bruno, Digges, Spinoza, Descartes, Leibniz, Newton und sogar der frühe Kant in der Unendlichkeit des Weltalls ein Spiegelbild der Unendlichkeit Gottes: Nur unermeßliche Entfernungen und zahllose Sternensysteme schienen der unendlichen Schöpferkraft des großen Werkmeisters angemessen und sogar ein Beweis für seine unbegreifliche Größe und Macht zu sein. Darum kann man zusammenfassend sagen: Auch ein von Gottes Weisheit hervorgebrachtes unendliches Weltall war damals von solcher Bedeutung und Erheblichkeit, daß die Vorstellung einer Vergeblichkeit der Welt grundsätzlich nicht aufkommen konnte.

Nutzlose Räume

Erst in der Neuzeit wurde die vormals als bedeutsam erlebte Welt als vergeblich empfunden. Allerdings galt zu Beginn des Wandels noch nicht das gesamte Weltall als entbehrlich oder überflüssig. Diese Einschätzung bezog sich zunächst nur auf die unendlichen Weiten des Weltraums; es kam zu einer gemäßigten Weltvergeblichkeitserfahrung.

Allgemein rief zu Beginn der Neuzeit die Ablösung der geschlossenen Welt durch die Vorstellung eines unermeßlichen Universums, das heißt der Wechsel vom geo- und heliozentrischen Weltbild zum azentrischen Weltall zwei bedrückende Erfahrungen hervor: Zum einen erregten die unermeßlichen Räu-

Die Erde

me ein bestürzendes Gefühl der Angst und Beklemmung, zum anderen erweckten sie den Verdacht völliger Vergeblichkeit und Überflüssigkeit.

Blaise Pascal beschrieb im 17. Jahrhundert die genannte Weltangst: «Das ewige Schweigen der unendlichen Räume macht mich schaudern»[1], und er fügte hinzu: «Ich schaue diese grauenvollen Räume des Universums, die mich einschließen und ich finde mich an eine Ecke dieses weiten Weltraums gefesselt [...]. Ringsum sehe ich nichts als Unendlichkeiten, die mich wie ein Atom, wie einen Schatten umschließen, der nur einen Augenblick dauert ohne Wiederkehr.»[2]

Galileo Galilei erörterte dagegen die erwähnte Weltvergeblichkeit, indem er sich mit der These auseinandersetzte, «daß ein ungeheurer sternenleerer Raum zwischen den Planetenbahnen unnütz und zwecklos sei und müßig, daß es überflüssig sei, eine unermeßliche, alle Fassungsgabe übersteigende Größe den Fixsternen als Behausung anzuweisen.»[3] Ein unermeßlicher Weltraum, an dessen Unendlichkeit Galilei noch zweifelte, erweckte den Anschein, «umsonst geschaffen» zu sein. So rief das ins Unermeßliche anschwellende Universum schon in den Anfängen der Neuzeit gleichermaßen beklemmende Weltangst und gemäßigte Weltvergeblichkeitserfahrung hervor.

Jedoch darf bei alldem nicht übersehen werden, daß die Empfindung der Weltangst und Weltvergeblichkeit nicht notwendigerweise durch die unermeßlichen Räume hervorgerufen wurden, da sich diese, wie bereits festgestellt, doch genauso als Ausdruck der unendlichen Schöpferkraft Gottes interpretieren ließen. Sowohl die antiken Atomisten Demokrit, Epikur und Lukrez auf der einen Seite als auch die spätmittelalterlichen und neuzeitlichen Denker Nikolaus von Kues, Bruno, Digges, Descartes und Kant auf der anderen gingen von der Unermeßlichkeit des Weltalls aus, ohne diese als etwas Nutzloses oder Vergebliches zu verspüren. Offenbar steht die Größe des Weltraums in

keinem notwendigen Zusammenhang mit dem Begriff der Vergeblichkeit oder dem Affekt der Angst. Trotzdem hängen beide
irgendwie damit zusammen.

Pascal entfaltete in seinen Weltangst-Fragmenten das beunru-
higte Selbst- und Weltverständnis des damaligen Menschen, von
dem hier nur drei Aspekte besonders hervorgehoben seien: Da
sind erstens die unendlichen Räume, welche dem Einzelnen seine
Winzigkeit und Unerheblichkeit im Universum vor Augen führen, zweitens die Teilnahmslosigkeit des Alls gegenüber den von
Not geplagten Menschen und drittens das Schweigen des Weltraums als Zeichen dafür, daß die Himmel nicht mehr die Herrlichkeit Gottes rühmen. Unendlichkeit, Gleichgültigkeit und
Schweigsamkeit der kosmischen Weiten rufen zusammen einen
«horror vacui» hervor und lassen das beklemmende Gefühl der
Weltangst entstehen, vor der sich Pascal noch einmal in den
christlichen Glauben an die Wirklichkeit einer übernatürlichen
Offenbarung rettete. Aber so sehr er auch an der christlichen Religion noch festhielt, allgemein wurde er bereits von der Ahnung
umgetrieben, daß es nichts Besonderes mit ihr ist.

Erweist sich die Unermeßlichkeit des Weltalls als angsterregend,
weil sie dem Menschen seine Verlorenheit und Nichtigkeit in der
Welt vor Augen führt, so wird sie zugleich als etwas Vergebliches
erfahren, wenn man trotzdem an der Zentralstellung des Menschen im Weltall festhält. Das Gefühl der Weltangst und die Erfahrung der Weltvergeblichkeit gehen demnach von einer gegensätzlichen Einschätzung des Menschen aus: dort erfährt er sich als
kosmische Nichtigkeit, hier versteift er sich auf seine kosmische
Wichtigkeit, seine Mittelpunktstellung, und erfährt gerade deshalb den unermeßlichen Weltraum als unwichtig, überflüssig, vergeblich. Allerdings bedarf es der Erläuterung, warum die traditionelle Anmaßung vom Menschen als Mitte der — jetzt als unendlich vorgestellten — Welt eine notwendige Voraussetzung für die
Entstehung der gemäßigten Weltvergeblichkeitserfahrung ist.

Mittelpunkt der Welt

Hinter dem Wort Mittelpunktstellung des Menschen verbirgt
sich ganz Verschiedenes, das oft genug nicht auseinandergehal-
ten wird. Weiter oben wurde zwischen kosmischer, ontischer
und teleonomischer Mittelpunktstellung unterschieden: kosmische Mittelpunktstellung bedeutet, daß sich die Erde und mit
ihr der Mensch in der topographischen Mitte der Welt befinden,
ontische, daß der Mensch in der Stufenordnung der Natur einen
ausgezeichneten Rang innehat, und teleonomische, daß um des
Menschen willen und für ihn alles geschaffen wurde. Auch wenn
in der metaphysischen Tradition häufig alle drei Aspekte zusam-
menfielen, so sind sie doch nicht gleichursprünglich und stehen
in keinem notwendigen Zusammenhang. Aristoteles beispielsweise rückte die Erde in die topographische Mitte des Weltalls,
ohne auch die ontische und teleonomische Zentralstellung des
Menschen zu behaupten. Er schrieb einerseits, daß «die Erde sich
nicht außerhalb des Mittelpunktes befindet»[4] und betonte andererseits: «der Mensch ist nicht das Beste, was es im Kosmos
gibt»[5], denn vollkommener als Erde und Mensch sei der gestirn-
te Himmel. Allerdings kann man bei ihm auch lesen, «daß die
Pflanzen der Tiere wegen, und dann, daß die anderen anima-
lischen Wesen der Menschen wegen da sind [...]. Wenn nun die
Natur [...] nichts umsonst macht, so muß sie alles um des Menschen willen gemacht haben.»[6] Im allgemeinen jedoch ist der
Gedanke der teleonomischen Sonderstellung des Menschen in
der Natur den antiken Griechen fremd. Platon etwa vertrat die
Ansicht, der Mensch sei um des Weltalls willen und nicht etwa
dieses um des Menschen willen geschaffen: «Nicht um deinetwil-
len entsteht es ja, sondern du um seinetwillen.»[7]

Erst in der Folgezeit wurden kosmologischer und teleologischer Anthropozentrismus zusammengebracht. So wies Cicero
im 1. Jahrhundert v. Chr. darauf hin, daß die Erde in «den Mit-

Der Adlernebel

telpunkt des Weltalls»[8] gestellt und die «Welt und alles, was in
ihr ist [...] der Menschen wegen geschaffen ist.» Diese beiden
Gedanken zusammen mit dem Bild vom Menschen als Krone
der Schöpfung — als ontologischem Gipfel des Stufenbaus der
Natur — verliehen anschließend dem christlichen Mittelalter sein
besonderes Gepräge. Hier erst fanden kosmologische, ontologi-
sche und teleologische Sonderstellung des Menschen zueinander.

Auch in Humanismus und Renaissance des 14. bis 16. Jahrhunderts, wo es keineswegs an Hinweisen auf die Größe, Würde
und Erhabenheit des Menschen mangelt, die man nun an der
Schönheit seines Körpers bereits zu erkennen glaubt, finden alle
drei Aspekte Beachtung, wie einige Beispiele belegen können. So
betont der Dichterkönig Petrarca, vom geozentrischen Weltbild
ausgehend, daß der Mensch die übrigen Geschöpfe «an Würde
überragt»[9], und daß es keines gibt, «auf das der Schöpfer die gleiche Sorgfalt verwendet hätte.» Weiter gibt er zu bedenken, «was
für einen erhabenen Platz unter den Geschöpfen die menschliche Natur einnimmt» und daß «so viele Lebewesen am Himmel, auf der Erde, im Meer [...], um einzig dem Menschen zu
gehorchen, erschaffen wurden.» Petrarca scheut sogar nicht einmal davor zurück, den Menschen einen «Gott» zu nennen.

Ähnlich bemerkt Manetti, daß der mit einer unsterblichen
Seele ausgestattete Mensch «den anderen Lebewesen über-
legen»[10] und «die Welt allein nur um des Menschen willen von
Gott geschaffen und eingerichtet worden ist.» Dabei stellt er den
Menschen nicht nur an die Spitze aller Dinge, sondern nennt ihn
wie Petrarca einen «sterblichen Gott».

In die gleiche Richtung weisen auch die Darlegungen Marsilio Ficinos. Er beschreibt den unsterblichen Menschen als «das
größte aller Wunder in der Natur», das «mit Recht das Zentrum
der Natur heißen (dürfe), die Mitte sämtlicher Dinge [...], der
Knoten und die Koppel der Welt.»[11] In seiner Fähigkeit, die
Ordnung der Natur und des Himmels zu erkennen, äußere sich,

daß er «fast von demselben Genie ist wie jener Urheber der Sphären.»[12]

Nach Pico della Mirandola gibt es «nichts Wunderbareres als den Menschen»[13], den der «höchste Künstler» «in die Mitte der Welt gestellt» und als autonomen Gestalter seines Daseins eingesetzt habe. Gerade in der Erhöhung des Menschen als eines «schöpferischen Bildhauers» seiner selbst erblickt Pico seine Vorzugsstellung vor allen übrigen Lebewesen.

Diese Beispiele zusammenfassend, ergibt sich folgendes Bild: Fast durchgängig wird in der Renaissance der Mensch als ontische Weltmitte gesehen, die über seine Ranghöhe in der Stufenordnung der Natur definiert ist. Jedoch wird er auch kosmologisch-topographisch in die Mitte des noch geozentrisch gedachten Weltalls gerückt und bewahrt dabei sogar seine teleologische Vorzugsstellung, insofern er sich zugleich als Zentrum aller Absichten Gottes und der Natur versteht.

Diese Überzeugung liegt noch einem großen Teil der frühen neuzeitlichen Naturwissenschaft zugrunde. Zwar wird im Wechsel vom geozentrischen zum heliozentrischen Weltbild die kosmische Mittelpunktstellung des Menschen zurückgenommen, an seiner ontologischen und teleologischen aber weiterhin festgehalten. So schreibt Nikolaus Kopernikus: «Der Mittelpunkt der Erde ist nicht die Weltmitte», sondern «der Weltmittelpunkt (liegt) nahe bei der Sonne.»[14] Dabei stellt er sich das Weltall ähnlich wie im alten Weltbild als räumlich begrenzte Kugel vor: «Die Welt ist kugelförmig.» Auch Johannes Kepler vertritt die These, «daß die ganze Welt von einer Kugelgestalt umschlossen ist»[15], welche «die Sonne als Mittelpunkt gleichsam im innersten Schoß» trägt.

Von dieser Aufkündigung der bis dahin beanspruchten kosmischen Zentralbedeutung der Erde und des Menschen bleibt dessen teleonomische Sonderstellung aber gänzlich unberührt. Wie der lateinische Kirchenvater Laktanz im 4. Jahrhundert die

Auffassung vertrat, daß Gott «die Welt selbst dem Menschen zuliebe geschaffen hat»[16], und der griechische Kirchenvater Origenes im 3. Jahrhundert glaubte, «daß alle Dinge für den Menschen und jegliches vernünftige Wesen geschaffen sind»[17], ist Kopernikus im 16. Jahrhundert noch der Meinung, daß die Welt «um unseretwillen vom besten und genauesten Werkmeister gebaut ist.»[18] Entsprechend hält auch Kepler am teleologischen Anthropozentrismus fest: «Denn Zweck der Welt und jeglichen Geschöpfs ist der Mensch.»[19] Allerdings ist damit nicht bereits die Frage beantwortet, worauf der teleologische Anthropozentrismus nach dem Fortfall des kosmologischen gründet.

Fest steht, daß sich nach dem Übergang vom geozentrischen zum heliozentrischen Weltbild die kosmische Stellung der Erde nicht mehr zur Stützung des teleologischen Anthropozentrismus heranziehen läßt. Sicherlich bedeutete der Heliozentrismus keinen Bruch mit dem mittelalterlichen Weltbild, sondern entsprang im Gegenteil der Sorge um seinen Bestand. Nur am Rande sei erwähnt, daß Kopernikus die Sonne in den Mittelpunkt des Weltalls rückte, um hierdurch dessen von der Tradition so häufig bewunderte Harmonie und Symmetrie zu retten, welche im geozentrischen System durch die notwendig gewordenen Zusatzannahmen krummer Bewegungen, Epizyklen und Epizenter gefährdet schienen. Davon abgesehen mißt Kopernikus der kosmischen Position des Menschen aber überhaupt keine Bedeutung für die Frage nach seiner teleonomischen Sonderstellung bei. In diesem Punkt folgt er den Denkern des Mittelalters und der Renaissance.

Denn auch wenn die Philosophen dieser Epochen an der kosmischen Zentralstellung des Menschen festhielten, machten sie die Antwort auf die Frage, ob der Mensch Krone und Mitte der Schöpfung sei, nicht davon abhängig, wo er sich im Weltall befinde, sondern ob ihm an sich selbst Würde und Erhabenheit zukomme. Zugegebenermaßen ging es hierbei den Philosophen der Renaissance nicht in erster Linie darum, die kosmische Stellung des Menschen als unwesentlich für die Frage nach seiner Bedeutsamkeit nachzuweisen, sondern vor allem um den Widerspruch gegen die damals vorherrschende Überzeugung vom Elend des Menschen, seiner Hinfälligkeit und Nichtigkeit. Indem sie dadurch aber die Wertbesonderheit des Menschen unabhängig von seiner kosmischen Weltstellung sicherten, machten sie der kopernikanischen These den Weg frei, daß die Menschen Krone der Schöpfung sind, auch ohne ihre Wohnstätte in der räumlichen Mitte des Weltalls zu haben.

Damit ist jedoch immer noch nicht die Frage geklärt, worauf sich denn die teleonomische Sonderstellung des Menschen stützen läßt, wenn seine kosmische Mittelpunktstellung wegfällt. Die Antwort liegt in seiner ontischen Sonderstellung, denn rangmäßig sollte der Mensch weiterhin über allen anderen Lebewesen stehen. Allerdings scheint diese These jeder Plausibilität zu entbehren, bedenkt man, daß sie die Vorstellung von der Natur als hierarchischem Stufenbau voraussetzt, die aber schon bei Kopernikus hinfällig geworden war, weil bereits für ihn alles aus den gleichen Stoffen bestand und unter denselben Gesetzen stand. Dennoch kommt nach Kopernikus dem Menschen auch in einem so beschaffenen Weltall eine ontischen Sonderstellung zu, die zugleich als Indiz für seine teleonomische Auszeichnung gewertet werden dürfe: Abgesehen von der Schönheit seines Körpers, der für die Meister der Renaissance bereits einen Gottesbeweis darstellte, sei der Mensch als einziges Lebewesen im Besitz einer der Erkenntnis des Weltalls fähigen Vernunft, und genau dies verstärke den Glauben, daß Gott alles um des Menschen willen erschaffen habe.[20]

Bewohnte Planeten

Die teleonomische Ausrichtung des Weltalls auf den Menschen war problemlos denkbar, solange es noch als geschlossen und überschaubar vorgestellt wurde. Schwierigkeiten stellten sich erst mit der Erkenntnis seiner unermeßlichen Ausdehnung ein. Jetzt kam es zur Erfahrung der von Galilei erwähnten Vergeblichkeit der sternenleeren Räume. Die Frage erhob sich, wozu diese sternenleere Unermeßlichkeit dienen sollte, wenn sie sich nicht auf das menschliche Dasein beziehen ließ, für das und um dessentwillen doch alles geschaffen sei. Im Lichte dieser ungeheuren Anmaßung mußten die unermeßlichen sternenleeren Räume als überflüssig und vergeblich erscheinen. Hier zeigt es sich deutlich, daß die gemäßigte Weltvergeblichkeitserfahrung die enttäuschte Erwartung ausdrückt, daß die ganze Welt für den Menschen da ist, was wir teleologischen Anthropozentrismus genannt haben. Das Scheitern der Hinbeziehung des unermeßlichen Alls auf den Menschen bildet den eigentlichen Hintergrund von Galileis Auseinandersetzung mit der These von der Vergeblichkeit oder Nutzlosigkeit der sternenleeren Räume.

Selbst Kant bewegt sich noch auf der Fluchtlinie des teleologischen Anthropozentrismus stoisch-christlicher Herkunft, wenn er in der *Kritik der Urteilskraft* schreibt, daß das riesenhafte Weltall überflüssig und vergeblich wäre, gäbe es nicht das Vernunftwesen Mensch: «Es ist ein Urteil, dessen sich selbst der gemeinste Verstand nicht entschlagen kann, wenn er über das Dasein der Dinge in der Welt und die Existenz der Welt selbst nachdenkt: daß nämlich alle die mannigfaltigen Geschöpfe [...], ja selbst das Ganze so vieler Systeme, [...] die wir unrichtigerweise Welten nennen, zu nichts da sein würden, wenn es in ihnen nicht Menschen (vernünftige Wesen überhaupt) gäbe, d. i. daß ohne den Menschen die ganze Schöpfung eine bloße Wüste, umsonst und ohne Endzweck sein würde.»[21] Kant wiederholt hier in abgewandelter Form eine These, die zu Beginn der Neuzeit bereits Francis Bacon vertrat, daß nämlich, «wenn der Mensch aus der Welt entfernt würde, alles Übrige ohne Zweck und Ziel wäre [...] und zu nichts mehr gut wäre.»[22] Allerdings sei übereinstimmend mit Blumenberg hierzu kritisch bemerkt, daß es «dem Menschen nicht gelungen ist [...] zu erweisen, daß die Welt nur deshalb keine Wüste ist, weil er existiert, sie anschaut und über sie sprechen kann.»[23]

Dennoch bahnte sich bereits im 16. Jahrhundert eine heute zumeist vergessene Lösung des Problems der gemäßigten Weltvergeblichkeitserfahrung an, welche den Konflikt zwischen der Erkenntnis der sternenleeren Räume und dem Glauben an den teleologischen Anthropozentrismus zu schlichten vermag. Soll der unermeßliche Weltraum mit seinen zahllosen Weltkörpern nicht als reine Verschwendung und willkürliche Vergeudung von Materie erscheinen, dann darf nicht angenommen werden, daß es allein auf unserem Planeten bewußtes und vernünftiges Leben gibt.

Gerade heute wird öfter darüber spekuliert, ob wohl auf anderen «Sternen» uns Menschen ähnliche Wesen, «Aliens», existieren: Gibt es Leben und Vernunft auch sonst im All oder sind wir die einzigen selbstbewußten Wesen im scheinbar geistig leeren, stummen Universum? Während es die einen für höchst unwahrscheinlich halten, daß andere Sonnensysteme belebte Planeten vom Charakter der Erde haben wegen der zahlreichen Zufälle, die zu einem solchen Ergebnis zusammenkommen müßten, steht für manch andere — angesichts der bisherigen Weltdauer von schätzungsweise zwanzig Milliarden Jahren sowie der Milliarden Sonnen und Milchstraßen — nahezu fest, daß es diesen Zufall schon mehrere Male gab. Letztere stellen sich die Außerirdischen häufig sehr menschenähnlich vor, obgleich sie mit an Sicherheit grenzender Wahrscheinlichkeit gänzlich verschieden von uns sind, falls es sie überhaupt gibt. Mal gelten sie als häßliche Monster und grausame Zombies, die, uns Menschen technisch überlegen, es auf die Vernichtung der Erde abgesehen hätten; mal gelten sie als friedliche Botschafter besserer Welten aus dem All, die Göttern gleich uns Menschen Rettung und Erlösung bringen könnten. Bekannt sind sie den meisten als Phantasieprodukte aus Büchern und Filmen wie *Starship Troopers*, *Independence Day* oder Steven Spielbergs *E. T.* Dennoch genügt es vielen nicht, den Außerirdischen bloß phantasiemäßig in TV-Serien wie *StarTrek* zu begegnen, sie möchten sie auch erfahrungsmäßig kennenlernen. Darum hält man überall intensiv Ausschau nach ihnen, wobei Meldungen über gesichtete UFOs oftmals äußerst leichtgläubig aufgenommen werden.

Seit der amerikanische Pilot Kenneth Arnold 1947 erstmals von unbekannten Flugkörpern berichtete, die er «fliegende Untertassen» nannte, werden jährlich mehrere Tausend Ufobeobachtungen gemeldet; Millionen Menschen glauben mittlerweile, schon solche gesehen zu haben. Bei diesen erfreuen sich Erich von Dänikens Bücher häufig großer Beliebtheit, dem zufolge die Götter der Antike sowie die Propheten des Alten Testaments wahrscheinlich Außerirdische waren, auf die der Bau der Pyramiden und fast alle anderen Weltwunder genauso zurückgingen wie das Auftreten der Gattung Homo sapiens auf der Erde. So abenteuerlich solche Spekulationen klingen, tatsächlich schließen seriöse Astrophysiker und Biologen mittlerweile nicht mehr die Möglichkeit außerirdischer Intelligenz aus. Angesichts zehn Milliarden Billionen Planeten im Universum sei die Einzigartigkeit unserer Erde im All, jedenfalls statistisch gesehen, höchst unwahrscheinlich.[24] Dennoch stufen die Experten die Wahrscheinlichkeit, Kontakt mit außerirdischen Kulturen aufnehmen zu können, als verschwindend gering ein, weil der interkosmische Dialog, nach vermutetem Aufwand an Zeit und Energie gemessen, zu groß sei, zumal dort ein gleicher, wenn nicht sogar höherer technischer Entwicklungsstand herrschen müsse als hier, was jedoch keineswegs feststehe. Tatsächlich ist die Suche nach Spuren und Signalen außermenschlicher Intelligenz im Weltall bislang erfolglos geblieben, die Erwartung unerfüllt, daß es im Universum mehr bewohnte Planeten als die Erde gibt.

Umso wichtiger scheint darum die Frage, warum Menschen überhaupt an der Existenz außerirdischen Lebens interessiert sind. Kritische Stimmen sehen hierin Anzeichen einer umfassenden Krise unserer Zeit, die mit Geschichten über Außerirdische den Verlust von Mythos, Religion und Spiritualität auszugleichen suche, weil sie sich mit der Entzauberung der Welt nicht abfinden könne. Andere hingegen deuten sie als Sehnsucht, in den Weiten des unermeßlichen Alls nicht alleine zu sein — eine zugegebenermaßen ziemlich abstrakte Sehnsucht, wenn man bedenkt, daß einem manchmal schon die eigenen Nachbarn «zu viel» sind und Milliarden Menschen auf der Erde doch genügen müßten, um sich vom Gefühl metaphysischen Alleinseins befreit zu sehen.

Eine besondere Herausforderung stellt die Annahme außerirdischer Intelligenz für die Religion dar. Zwar rechnet die traditionelle Theologie seit jeher mit außerirdischen Wesen wie etwa Engeln, dennoch fällt es schwer, sich Christus als Haupt und Erlöser eines Universums vorzustellen, in dem auch andere Planeten als die Erde mit menschenähnlichen Kreaturen existieren.

Eigenartigerweise bereitete aber diese Vorstellung der philosophischen Tradition fast keinerlei Schwierigkeiten, wobei es Spekulationen über außerirdisches Leben schon seit Jahrhunderten gibt. Nicht erst seit Herbert George Wells 1898 veröffentlichten Roman *Der Krieg der Welten* wird über Marsbewohner spekuliert, schon der griechische Schriftsteller Lukian von Samosata phantasierte in seiner Erzählung *Die wahre Geschichte* über außerirdische Lebewesen. Im 17. Jahrhundert setzte sich dann sogar die Überzeugung durch, daß andere Planeten unseres und anderer Sonnensysteme tatsächlich von vernünftigen Wesen bewohnt würden.[25] Ob Johannes Kepler, Robert Burton oder de Fontenelle, sie alle glaubten, daß außer der Erde «auch die übrigen Planeten besiedelt»[26] wären. Gleichfalls meinte Leibniz, daß es «in unserer sichtbaren Welt viele Wohnstätten vernünftiger Geschöpfe»[27] gebe, was er mit der christlichen Lehre durchaus für vereinbar hielt, da in des Vaters Haus doch viele Wohnungen existierten. Selbst der frühe Kant war ganz sicher, daß die meisten Himmelskörper mit Bewußtsein begabte Bewohner hätten, und Johann Wolfgang von Goethe schrieb: «Seitdem die Erde im kopernikanischen System auf einem subalternen Platz erschien, traten [...] die übrigen Planeten in gleiche Rechte. Die Erde war bewachsen und bewohnt [...], und die Folgerung lag ganz nahe, daß die ähnlichen Gestirne, und vielleicht auch gar die unähnlichen, ebenfalls mit Leben übersät und beglückt sein müßten. Was die Erde an ihrem hohen Rang verloren, ward ihr gleichsam hier durch Gesellschaft ersetzt.»[28]

Noch zu Beginn des 20. Jahrhunderts vermerkte der berühmte Historiker Ernst Troeltsch: «Gäbe es nur den Weltgeist und die Lebewesen dieser Erde als Träger des Lebens, so bliebe das erstere stets fraglich und das zweite eine klägliche Singularität. Nur wenn das Lebensreich der Erde eines von unendlich vielen ist, kann es überhaupt als Lebensreich verstanden und seine Unvollkommenheit ertragen werden. Es ist dann eben eins unter den vielen Lebensbereichen, in denen die göttliche Größe sich ausschüttet oder besteht.»[29] Offenbar ist der Glaube an Gott und den Wert des Menschen nur dann sinnvoll, wenn es auch außerirdisches Leben gibt. Darin erblickte Troeltsch «den tieferen philosophischen Grund, aus dem nüchterne Astronomen nach Marsbewohnern forschen und okkultistische und spiritistische Mystiker auf Medien fahnden, die diesen Verkehr bezeugen könnten.»

Für unseren Zusammenhang bemerkenswert ist an diesen Überlegungen jedoch, daß in dem Maße, wie der Glaube an die

Existenz außerirdischen Lebens einst an Boden gewann, der Gedanke von der Vergeblichkeit des unermeßlichen Weltalls an Plausibilität verlor, ohne daß der teleologische Anthropozentrismus aufgegeben werden mußte. Denn nun konnte weiter an der Meinung festgehalten werden, daß alles für und um menschenartige oder menschenähnliche Lebewesen geschaffen sei — allerdings mit der Zusatzannahme, daß es solche nicht nur auf unserem Planeten, sondern allenthalben im riesenhaften Weltall gibt. Aber so sehr mit dieser Mutmaßung die gemäßigte Weltvergeblichkeitserfahrung vorübergehend gebannt war, dennoch kam es in der Folge von neuem zu einer Enttäuschung und damit zu einer zweiten gemäßigten Weltvergeblichkeitserfahrung, die gewissermaßen eine Wiederholung der ersten in abgewandelter Form war.

Was diese zweite auf den Plan rief, war das Ausbleiben der Anzeichen für bewußtes und vernünftiges Leben auf anderen Planeten. Schon Ludwig Feuerbach sprach diese Enttäuschung vor mehr als hundert Jahren aus, indem er fragte: «Wozu [...] diese unendlichen Welten, wenn sie nicht für etwas, für lebendiges Dasein, wenn sie nicht belebt sind?»[30] Die zahllosen Weltkörper sind «umsonst da [...], überflüssiges, unnützes, zweckloses Dasein [...], wenn nicht auf ihnen selbst Leben haust»; dann wäre «alles leer und öde, alles zwecklos».

Hiermit stünden wir aufs neue genau an der Stelle, wo Galileis Überlegungen zur gemäßigten Weltvergeblichkeitserfahrung ihren Ausgang nahmen. Bereits sein Bemühen zielte darauf, die gemäßigte Weltvergeblichkeitserfahrung abzubauen und zu vermeiden. Allerdings schlug er dabei einen ganz anderen, den vielleicht einzig überzeugenden Weg ein — einen Weg, den viele Philosophen seit dem 16. und 17. Jahrhundert gegangen sind.

Gebeugter Stolz

Wenn die Erkenntnis der Unermeßlichkeit des Weltalls und die Erwartung der teleologischen Mittelpunktstellung des Menschen zusammentreffen, ergibt sich fast zwangsläufig die Erfahrung der gemäßigten Weltvergeblichkeit, die sich nur durch Auflösung ihrer Entstehungsbedingungen wirkungsvoll verhindern läßt. Jeder, der den bekannten Tatsachen auch nur die leiseste Beachtung schenkt, kann sogleich erkennen, daß ein unermeßlicher Weltraum niemals an sich vergeblich sein kann. Schon Nikolaus von Kues und Giordano Bruno, zwei bedeutende Philosophen im Übergang zur Neuzeit, waren weit davon entfernt, das Weltall, das sie sich bereits als azentrisch und infinit vorstellten, als vergeblich zu kennzeichnen. Unnütz und überflüssig erscheint es erst im Lichte des teleologischen Anthropozentrismus, den beide zwar ausklammerten, mit dem aber sonst in der Geschichte so häufig auf einfältige Weise dem albernen Hochmut der Menschen geschmeichelt wurde. Soll nun die gemäßigte Weltvergeblichkeitserfahrung durchgreifend überwunden werden, so ist eine Zurücknahme der eitlen Anmaßung gefordert, daß alle Dinge dieser Welt für den Menschen da sind. Tatsächlich regte sich bereits im 16. und 17. Jahrhundert Widerspruch gegen diese Form menschlicher Eitelkeit. Wird aber die unermeßliche Welt nicht mehr vor dem Hintergrund des teleologischen Anthropozentrismus gesehen, sondern umgekehrt die Kleinheit des Menschen im System der Dinge hervorgehoben, dann entfallen auch die Voraussetzungen für die gemäßigte Weltvergeblichkeitserfahrung.

Bereits bei Aristoteles kann man lesen: «Die Natur macht, wie wir sagen, nichts vergeblich.»[31] Ähnlich bemerkt der Renaissance-Philosoph Marsilio Ficino, an christlichen Vorstellungen festhaltend: «Die Natur selbst gibt und bewegt nichts vergeblich, da sie von Gott gelenkt wird»[32]. Diese Meinung teilt auch Galileo Galilei: «Nicht aber dürfen wir zugeben, daß irgend etwas umsonst geschaffen und müßig im Weltall sei.»[33] Auf die anmaßende Behauptung, «daß ein ungeheurer sternenleerer Raum [...] überflüssig sei», entgegnet er, «daß es frevelhaft ist, unsere schwache Vernunft zum Richter zu setzen über die Werke Gottes, alles das im Weltall eitel oder überflüssig zu nennen, was nicht unserem Nutzen dient.» Daher empfiehlt er, die allzu hohe Meinung des Menschen von sich selbst ein wenig zu dämpfen: «Zuviel maßen wir uns an [...], wenn wir meinen, einzig die Sorge um uns erschöpfe das Wirken der Weisheit und Macht Gottes, darüber hinaus tue und ordne sie nichts.» Gott kümmere sich zwar um den Menschen, aber nicht um ihn allein: Geben wir uns «mit dem sicheren Bewußtsein zufrieden, daß Gott und Natur sich derart um die Lenkung menschlicher Dinge bekümmern, daß keine größere Fürsorge walten könnte [...]. Daß aber darum nicht noch andere Ausflüsse ihrer unendlichen Weisheit im Weltall vorhanden sein könnten, möchte ich nach den Eingebungen meiner Vernunft mich nicht bequemen zu glauben.»

Diese Auffassung vertrat im 2. Jahrhundert bereits Celsus: «Also nicht für den Menschen ist das Weltganze gemacht [...], sondern damit diese Welt als Werk Gottes in ihren Teilen ganz vollständig und vollkommen sei in allen Stücken. [...] Gott sorgt für das Ganze, und seine Vorsehung verläßt dieses niemals.»[34]

Ähnlich wie Galilei behandelt auch der frühe Kant im 18. Jahrhundert die gemäßigte Weltvergeblichkeitserfahrung. Klar erfaßt er das Problem, wenn er vom Menschen sagt: «weil seiner Einbildung nach der Natur an seinem Dasein unendlich viel gelegen ist, so hält er die ganze übrige Schöpfung für vergeblich, die nicht eine genaue Abzielung auf sein Geschlecht, als den Mittelpunkt ihrer Zwecke mit sich führt.»[35] Galilei ähnlich wendet Kant jedoch ein: «Die Unendlichkeit der Schöpfung faßt alle Naturen, die ihr überschwenglicher Reichtum hervorbringt, mit gleicher Notwendigkeit in sich. Von der erhabensten Classe unter den denkenden Wesen bis zu dem verachtetsten Insect ist ihr kein Glied gleichgültig.»

Schon seit dem 16. und 17. Jahrhundert wird der teleologische Anthropozentrismus, welcher der gemäßigten Weltvergeblichkeitserfahrung zugrundeliegt, verschiedentlich in Zweifel gezogen. Hierbei verkehrt sich sogar die Ansicht, daß das unermeßliche Weltall vergeblich ist, weil es sich nicht auf den Menschen beziehen läßt, in ihr Gegenteil: Da das Weltall unermeßlich sei und die Fassungskraft des Menschen übersteige, könne es nicht für ihn und um seinetwillen geschaffen sein, mutmaßen nun einige.

Wie der Naturwissenschaftler Galilei erblickt auch der Rationalist René Descartes zu Beginn der Neuzeit im teleologischen Anthropozentrismus eine haltlose Anmaßung: Wir haben «uns davor zu hüten, daß wir uns nicht selbst überschätzen.»[36] Dies ist der Fall, «wenn wir annehmen, alle Dinge sind bloß unseretwegen [...] geschaffen.» Es ist aber «doch unwahrscheinlich, daß alles nur für uns und zu keinem anderen Zweck gemacht wurde.» Descartes verwirft sowohl den teleologischen als auch den kosmologischen Anthropozentrismus und betont, daß unser Blick für den «unermeßlichen Weltraum»[37] getrübt werde, «wenn man die Erde als den vornehmsten Teil der Welt und als die Wohnung des Menschen, für welchen alles andere geschaffen worden, ansehe.»[38] Zugleich aber hält er ähnlich wie Galilei an der ontologischen Sonderstellung des Menschen fest und erblickt, Nikolaus von Kues und Bruno ähnlich, in der Unermeßlichkeit des Weltalls — die er als «endlos», aber nicht «unendlich» qualifiziert, weil er diese Kennzeichnung allein Gott vorbehalten wissen möchte — einen angemessenen Ausdruck seiner Weisheit und Größe.

Daneben unterzieht der Moralist Michel de Montaigne im 16. Jahrhundert den eitlen Gedanken vom Menschen als Mitte und Krone der Welt einer heftigen Kritik: «Wer hat ihm in den Kopf

gesetzt, daß dieser bewundernswürdige Reigen des Himmels-
gewölbes [...] zu seiner Annehmlichkeit und zu seinen Diensten
geschaffen und so viele Jahrhunderte in Gang gehalten wurde?
Läßt sich etwas Lächerlicheres ausdenken, als wenn dieses elen-
de und erbärmliche Geschöpf [...] sich für den Meister des Alls
ausgibt, von dem auch nur den geringsten Teil zu überschauen,
geschweige denn zu beherrschen, nicht in seiner Macht steht?
[...] Er sieht [...] sich [...] in den übelsten, abgestorbensten und
vermodertsten Winkel des Alls ausgesetzt und angeschmiedet
[...] und geht hin und setzt sich in seiner Einbildung über den
Mondkreis und macht den Himmel zum Schemel seiner Füße.
Aus dem Hochmut dieser gleichen Einbildung kommt es [...],
daß er sich auserlesen dünkt und vom großen Haufen der übrigen Geschöpfe absondert.»[39]
Montaigne verwirft gleichermaßen den kosmologischen, ontologischen und teleologischen Anthropozentrismus: «Wir stehen weder über noch unter den übrigen Geschöpfen»; wir sind
«ohne jede Vorzugsstellung, ohne wahre und wesentliche Aus-
zeichnung.» Zugleich aber bewahrt Montaigne den traditionel-
len Standpunkt, nach dem das «ganze Weltgebäude [...] von der
Hand des großen Baumeisters» geschaffen wurde; er hält an den
Grundsätzen der christlichen Religion fest. So auch Alexander
Pope zu Beginn des 18. Jahrhunderts, um ein weiteres Beispiel
zu nennen, der in seinem berühmten Lehrgedicht über den
Menschen den teleologischen Anthropozentrismus verurteilt:
«Frag, wozu scheinen Himmelssterne hier? Wem dient die Erde?
Hochmut sagt: Nur mir.»[40]
Ähnlich wie Montaigne und Pope, für die das Weltall «der
Spiegel (ist), in den wir schauen müssen, um uns im richtigen
Winkel zu sehen», faßt der Aufklärer Voltaire den Menschen vor
dem Hintergrund des riesenhaften Weltalls ins Auge, um dessen
Ansprüche auf Wertbesonderheit als haltlose Anmaßung zu ent-
larven. Von den ungeheuren Weiten des Weltalls ausgehend, läßt

er in seiner Erzählung *Micromégas* zwei Reisende von über-
menschlicher Größe die Erde und ihre Bewohner, diese «klugen
Stäubchen»[41], besuchen. Als sie ankamen, mußten sie «über die
ungeheure Winzigkeit der Bewohner unseres Erdballs lachen»
und als diese auch noch begannen ihnen darzulegen, «daß ihre
Welten, ihre Sonnen, ihre Sterne, kurz alles, einzig und allein für
die Menschen geschaffen seien [...], stimmten sie jenes unaus-
löschliche Gelächter an, das nach Homer das Erbteil der Götter
ist.» Weiter oben wurde gesagt, der Mensch sei ein lachendes
Wesen, hier wird nun deutlich, der Mensch ist auch ein lächerliches Wesen. Offensichtlich trägt der Gedanke der teleonomischen, aber auch der kosmischen und ontischen Sonderstellung
des Menschen in der Neuzeit immer weniger.

Voltaire ließ den christlichen Glauben fallen, hielt aber noch
an einem deistischen Standpunkt fest, wonach es zwar einen
Gott als Urgrund der Welt gibt, der jedoch nach der Schöpfung
diese sich selbst überließ. Daß es noch nicht einmal einen deistischen Gott gibt, diese Ansicht vertrat im 18. Jahrhundert der
Materialist Holbach. Das Weltall ist «das große Ganze [...], außerhalb dessen [...] nichts existieren kann.»[42] Darin ist für eine
Sonderstellung des Menschen kein Platz: «der Mensch, ein unendlich kleiner Teil des Erdballs, der in der unermeßlichen Weite
nur ein unmerklicher Punkt ist, glaubt, daß das Universum für
ihn gemacht sei, [...] und nennt sich König des Universums!
O Mensch! Wirst du niemals begreifen, daß du nur ein Eintags-
wesen bist?» Holbach zufolge fehlt jeder Hinweis auf seine ontische, kosmische und teleonomische Sonderstellung; im Gegenteil: «der Mensch ist wie alle anderen Dinge ein Produkt der
Natur [...], ein im Laufe der Zeit entstandenes Produkt.»

Bei der Zurücknahme aller anthropozentrischen Auszeichnungen kommt Nietzsche eine herausragende Bedeutung zu, der
schrieb: «Wir haben umgelernt. Wir sind in allen Stücken be-
scheidener geworden. Wir leiten den Menschen nicht mehr vom

Geist, von der Gottheit ab, wir haben ihn unter die Thiere zurückgestellt [...]. Er ist durchaus keine Krone der Schöpfung, jedes Wesen ist, neben ihm, auf der gleichen Stufe der Vollkommenheit.»[43] Bei Nietzsche findet auch der sich damals durchsetzende Evolutionsgedanke Darwinscher Prägung große Beachtung: «Ehemals suchte man zum Gefühl der Herrlichkeit des Menschen zu kommen, indem man auf seine göttliche Abkunft hinzeigt; dies ist jetzt ein verbotener Weg geworden, denn an seiner Thür steht der Affe.»[44] Der Mensch sei nichts weiter als ein vorübergehender und vergänglicher Teil des riesenhaften Weltalls: «wie kläglich, wie schattenhaft und flüchtig, wie zwecklos und beliebig sich der menschliche Intellekt innerhalb der Natur ausnimmt; es gab Ewigkeiten, in denen er nicht war; wenn es wieder mit ihm vorbei ist, wird sich nichts begeben haben.»[45] Diese und viele ähnliche Formulierungen bringen zum Ausdruck, daß «die Selbstverkleinerung des Menschen [...] in einem unaufhaltsamen Fortschritt [...] und der Glaube an seine Würde, Einzigkeit, Unersetzlichkeit in der Rangfolge der Wesen [...] dahin»[46] ist. Dem kosmologischen, ontologischen und teleologischen Anthropozentrismus ist der Boden entzogen; dies wird seit Nietzsche immer wieder in mittlerweile für uns typischen Bildern und Aussprüchen geltend gemacht, die sich bis zu Blaise Pascal im 17. Jahrhundert zurückverfolgen lassen.

So spricht etwa Jacques Monod im 20. Jahrhundert von der «gleichgültigen Leere des Universums»[47] und sagt mit Bezug auf den Menschen, «daß er seinen Platz wie ein Zigeuner am Rande des Universums hat, das für seine Musik taub ist und gleichgültig gegen seine Hoffnungen, Leiden oder Verbrechen.» Ähnlich bemerkt zur gleichen Zeit Bertrand Russell, «daß die Welt nicht für uns geschaffen wurde»[48] und «gleichgültig bleibt gegen unsere Hoffnungen und Ängste.»

In dem Maße aber, wie der teleologische Anthropozentrismus seine Glaubwürdigkeit verliert, werden auch die Voraussetzungen aufgelöst, unter denen die sternenleeren Räume und unbewohnten Himmelskörper als vergeblich und überflüssig erscheinen können. Nur vor dem Hintergrund der Erwartung, daß die Welt dem Menschen zugedacht ist und der enttäuschenden Einsicht, daß sie sich ihm aber nicht zuordnen läßt, erscheinen die unermeßlichen Räume als unnötiger Aufwand. Da aber in Wahrheit nichts den Menschen zur Annahme berechtigt, daß die Welt für ihn gemacht ist, entfallen auch die Voraussetzungen der gemäßigten Weltvergeblichkeitserfahrung. Hierbei bestätigt das Gesagte die eingangs formulierte These, daß Vergeblichkeit kein Attribut der Welt selbst ist, sondern vielmehr ein Kennzeichen unseres Verhältnisses zu ihr: Die gemäßigte Weltvergeblichkeitserfahrung ist Ausdruck der unerfüllten Erwartung, daß das Weltall um des Menschen willen da ist; sie ist enttäuschter teleologischer Anthropozentrismus, die sich wohl noch am überzeugendsten durch die Beugung seines Stolzes überwinden läßt.

Gott, Götzen und Nichts

Die allmähliche Aufhebung aller anthropozentrischen Auszeichnungen — zuerst der kosmologischen, sodann der teleologischen und zuletzt der ontologischen — begünstigt allerdings wieder eine neue, viel radikalere Form der Weltvergeblichkeitserfahrung. Im Bewußtsein, daß die Erde peripher — eine winzige Insel im unermeßlichen Weltall — und die Menschheitsgeschichte ephemer — nur eine vorübergehende Episode im endlosen Wandel der Zeit ist —, neigen viele dazu, nicht nur die sternenleeren Räume und unbewohnten Himmelskörper, sondern auch die Welt im ganzen als überflüssig und vergeblich anzusehen. Dabei erscheint jedoch das Weltall nicht deshalb als etwas Vergebliches und Überflüssiges, weil seine Zuordnung zum Menschen nicht mehr so recht gelingen will, sondern vielmehr, weil sein metaphysischer

Grund, Wert und Zweck abhanden gekommen zu sein scheinen. Freilich geht, wie aufgezeigt, mit der Auflösung des kosmologischen und teleologischen Anthropozentrismus zunächst noch keine Plausibilitätskrise von Theologie und Metaphysik einher. Diese erfolgt erst auf der Höhe der Neuzeit und findet Ausdruck in Nietzsches berühmt-berüchtigter Proklamation vom «Tode Gottes». Der Vorgang ist bekannt und trotz aller romantischen Abwehrversuche die Sache längst entschieden. Die von Weber unter der Überschrift «Entzauberung der Welt» beschriebene Zerstörung ihrer überzogenen Sinnstruktur ist seither oft mit großer Bestürzung zur Kenntnis genommen und sogar als Epochensignatur bewertet worden. Für unseren Zusammenhang ist daran besonders ein Aspekt von Interesse: die mit ihm einhergehende maßlose Weltvergeblichkeitserfahrung. Sie sei hier exemplarisch anhand von Darlegungen Feuerbachs, Nietzsches und Sartres dargestellt; zu ergänzen wäre Cioran, der in *Die verfehlte Schöpfung* gleichfalls von der absoluten Nichtigkeit der Welt ausgeht.

Feuerbach, der bereits die zahllosen unbelebten Himmelskörper als unnötige Verschwendung der Natur empfand, wurde in der Folge von der gemäßigten zur maßlosen Weltvergeblichkeitserfahrung fortgetrieben: «Fragst du: warum sind sie Körper, wenn nicht Leben in ihnen ist, so setze ich dir die Frage entgegen: warum ist überhaupt ein Sein, ein Raum, eine Materie, eine Natur?»[49] Oder: «Wenn man deine Vorstellungen, die du sonderbarerweise nur bei den Sternen anwendest, auf alles ausdehnte, so würde man endlich zu der Anschauung kommen, daß es das beste wäre, wenn nichts wäre, denn nur im Nichts wäre alle Zwecklosigkeit vermieden, und daß eben das Sein als solches das Zwecklose» und somit alles «bloße Verschwendung, zweckloser Aufwand» ist.

Diese radikale Erfahrung, nach der alles vergeblich ist, wenn es ohne Zweck geschieht, äußerte bereits der späte Schelling: «im

Grunde [...] geschieht alles umsonst»[50]. Nietzsche behandelte diese Erkenntnis unter der Überschrift «Nihilismus»: «das Pathos des ‹Umsonst› ist das Nihilisten-Pathos.»[51] Der Fortfall Gottes «endet in Nihilismus: Alles hat keinen Sinn.» Oder: «Die Gefahr der Gefahren: Alles hat keinen Sinn.» Es mehren sich die Anzeichen, daß «alles umsonst» ist: «Stürzen wir nicht fortwährend? Und rückwärts, seitwärts, vorwärts, nach allen Seiten? Giebt es noch ein Oben und ein Unten? Irren wir nicht wie durch ein unendliches Nichts?»[52]

Ähnlich Sartre: «Jedes Existierende wird ohne Grund geboren, lebt aus Schwäche weiter und stirbt durch äußere Einwirkung.»[53] Alles trägt das Merkmal der «Zufälligkeit [...] — sie ist das Absolute und mithin das vollkommen Zwecklose. Alles ist zwecklos» und hat deshalb «nicht die allergeringste Existenzberechtigung», «nicht den kleinsten Grund da zu sein» und ist somit «überflüssig», meinte er.

Der Nachweis scheint nicht gelungen zu sein, daß die Welt nur in dem Maße vergeblich, umsonst, überflüssig ist, wie sie sich nicht auf den Menschen beziehen läßt. Denn die Weltvergeblichkeitserfahrung ist noch keineswegs gebannt, wenn wir das Universum vom teleologischen Anthropozentrismus stoischchristlicher Herkunft befreit haben; im Gegenteil scheint das Weltall nun auch an sich umsonst, überflüssig, vergeblich zu sein. Da aber für uns Menschen eine solche nihilistische Sichtweise unerträglich und unaushaltbar ist, suchen wir seit jeher Möglichkeiten, um uns von ihr zu entlasten. Selbst Feuerbach, Nietzsche und der frühe Sartre waren zur Einwilligung in eine vergebliche Welt außerstande und konnten das Faktum der Überflüssigkeit nicht als solches anerkennen. Die quälende innere Not, die aus der radikalen Weltvergeblichkeitserfahrung entsteht und die angstvolle Physiognomie des 19. und beginnenden 20. Jahrhunderts prägte, trieb historisch auf verschiedene Auswege zu.

Am besten läßt sich die skizzierte Situation mit Hilfe eines einfachen Bildes beschreiben: dem sogenannten Becher-Modell. Man stelle sich einen bis an den Rand mit Sinn gefüllten Becher vor, der nach und nach seine Flüssigkeit verliert, bis er schließlich absolut leer ist. Dieser Becher stehe für unsere Sinnerwartungen und die Flüssigkeit darin für die großen Sinnerfüllungen der Religion. Was demnach Feuerbach, Nietzsche und Sartre beschrieben, war ein leerer Becher, mit dem sich die Menschen, sinndurstig wie sie nun einmal sind, offenbar nur schwer abfinden können. Darum verlangen sie immer wieder nach Sinnflüssigkeit: entweder nach jener alten oder nach einer alternativen. Das bedeutet, die Menschen begegnen dem nihilistischen Nichts entweder mit Gott oder mit Götzen. So raten die einen zur Erneuerung des christlichen Glaubens dadurch, daß sie den traditionellen Sinnsaft wieder in den Becher zu gießen versuchen, oder zur Ersetzung des christlichen Glaubens durch andere Sinnmodelle, indem sie den Becher mit neuer Flüssigkeit füllen.

Den ersten Weg schlugen bereits die Romantiker ein, die eine hintergründige Ahnung umtrieb, daß es mit allem nicht sonderlich viel auf sich hat, so etwa Novalis, Klingemann oder Jean Paul. Seither wurde immer wieder zur Erneuerung unserer religiösen Herkunftswelten aufgerufen, beispielsweise von Sedlmayer, Müller-Armack, Scheler oder Guardini. Feuerbach und Nietzsche beschritten hingegen den zweiten Weg. Sie versuchten den leergewordenen Platz Gottes durch innerweltliche Sinngrößen auszufüllen und dadurch die maßlose Weltvergeblichkeitserfahrung zu überwinden; Nietzsche setzte an die Stelle Gottes eine Metaphysik der «ewigen Wiederkehr des Gleichen» und des «Willens zur Macht», Feuerbach eine Metaphysik der «Menschheit» und erneuerte dabei sogar den teleologischen Anthropozentrismus: «Es war früher fast der allgemeine Glaube der Menschheit, daß alles um der Menschen willen gemacht sei, daß er der Zweck der Welt sei, daß hier also auf der Erde der Mittelpunkt des Weltalls sei. Dieser Glaube enthält tiefe Wahrheit; er ist nur darin ungenügend, daß man unter dem Zweck nur den einzelnen Menschen, seinen Nutzen und Vorteil verstand, den Zweck also nur physisch, nicht geistig von der Menschheit verstand.»[54]

Welch neue Sinnangebote man nun auch immer ins Sinnvakuum, den durch den Fortfall Gottes leer gewordenen Becher einströmen läßt, grundsätzlich können diese niemals mehr als nur Götzen sein. Darunter versteht man seit jeher Religionssurrogate: verherrlichte Endlichkeiten wie Geld, Rasse, Nation, Fortschritt, Macht, Wohlstand. Solche diesseitigen Instanzen treten in der Moderne oftmals an die Stelle Gottes, um den Leerraum der Religion auszufüllen. In der modernen Kultur werden häufig irdische Ziele mit dem Gefühl letzter Glaubenshingabe erstrebt oder endliche Werte und Mächte mit der Würde des Absoluten umkleidet. Die Sehnsucht nach dem Unbedingten scheint unüberwindbar zu sein, der angemaßte Anspruch des Bechers auf Flüssigkeit unaufgebbar, weshalb nach dem scheinbaren Tode Gottes viele und immer wieder neue Surrogate an dessen Stelle getreten sind.

Aber der Kampf der Götzen gegen das Nichts der Sinnlosigkeit ist zum Scheitern verurteilt. Denn die weltlichen Werte und Mächte werden durch ihre religiöse Überhöhung maßlos überfordert, woraufhin sich wieder eine Enttäuschung einstellt, die aufs neue zu radikalem Nihilismus und atheistischem Existentialismus führt. Auf jede Vergöttlichung diesseitiger Sinninstanzen folgt zwangsläufig ein Lebens- und Weltgefühl der absoluten Leere. Der Sinnbecher verliert so von neuem seinen Sinnsaft. Aus diesem Grund fordern regelmäßig christliche Intellektuelle eine Rückbesinnung auf traditionelle Glaubensinhalte. Man ist der Meinung, nur ein wiedererstarktes Christentum könne die Gegenwart von ihrer Sinnleere befreien und von den Irrwegen der Ersatzgötter fernhalten.

Heute sind die im 19. Jahrhundert geschaffenen Ersatzformen weitgehend verfallen. Aber auch alle religiösen Erneuerungsbemühungen verfangen in der westlichen Welt immer weniger. Unsere religiösen Deutungsmuster stecken, wie schon mehrfach betont, in einer tiefen Plausibilitäts- und Bindungskrise; sie haben kaum mehr Überzeugungskraft für die gegenwärtigen Menschen. Demnach markiert unser Zeitalter das vorläufige Ende der ausschweifenden Sinnmodelle. Damit steht aber von neuem die maßlose Weltvergeblichkeitserfahrung vor der Tür, der leere Becher, wie er zuletzt im Existenzialismus etwa von Sartre und Camus thematisiert wurde, ohne von beiden noch einmal theologisch oder ersatzmetaphysisch gefüllt worden zu sein.

Kosmologischer Pessimismus der Neuzeit

Muß die maßlose Weltvergeblichkeitserfahrung — der leere Becher — aber wirklich das letzte Wort behalten? Wird sich sein radikaler Anspruch notwendig weiter in einen totalen verwandeln, nachdem die religiösen und ersatzreligiösen Wege ungangbar geworden sind? Erschöpfen die drei Grundhaltungen — Gott, Götzen, Nichts — unsere Möglichkeiten, so daß nach Verabschiedung der beiden umfassenden Sinnformen nur mehr der Nihilismus übrig bleibt? Solche Befürchtungen dürften nicht überzeugen; da sie bloß unter der Bedingung einleuchtend sind, daß die Grund- und Zwecklosigkeit der Welt der unvermeidliche Ausdruck ihrer Vergeblichkeit und Überflüssigkeit ist; diese Voraussetzung ist aber nicht gegeben. Grund- und Zwecklosigkeit auf der einen Seite, Vergeblichkeit und Überflüssigkeit auf der anderen Seite lassen sich zwar schlüssig miteinander verbinden, stehen aber in keinem notwendigen Zusammenhang. Daher stellt sich die Frage, wie es jemals dazu kommen konnte, die an sich grund- und zwecklose Welt zugleich als vergeblich, sinnlos und überflüssig zu erfahren, wenn sich doch Vergeblichkeit nicht notwendigerweise aus Grund- und Zwecklosigkeit ergibt.

Als mögliche Erklärung hierfür kommt zunächst eine gewisse Zwiespältigkeit des Christentums in Betracht. Weiter oben wurde darauf hingewiesen, daß die Welt als Schöpfung Gottes Gewicht und Bedeutung besitzt. Diese Aussage bezeichnet die eine Seite der christlichen Lehre, zu der als zweite hinzugefügt werden muß, daß die Welt aufgrund ihrer Unvollkommenheit, Unbeständigkeit und Abhängigkeit von Gott auch als nichtig und wesenlos erscheint. Der christliche Glaube vertritt mit gleichem Nachdruck also zwei entgegengesetzte Positionen; er lehrt das eine, aber auch das andere, und gibt schon dadurch zu erkennen, daß die Idee der Nichtigkeit der Welt mit christlichen Ursprungs ist und daß die atheistische Weltverachtung im Grunde nichts als die Verabsolutierung des erwähnten zweiten Aspekts darstellt. Das haben bereits Denker wie Feuerbach und Nietzsche erkannt, denen zufolge die Welt bereits im Christentum nichts ist. Feuerbach gibt zu bedenken, daß eine Schöpfung, deren Sein oder Nichtsein vom Willen und Machtspruch Gottes abhängt, aufgrund dieser Abhängigkeit kein Eigengewicht, keine wesenhafte Bedeutung haben kann. Mit seinen Worten: «Indem du sagst, die Welt ist aus Nichts gemacht, denkst du dir die Welt selbst als nichts.»[55] Schneidet man nun Gott aus diesem Weltbild heraus, so bleibt lediglich jene nichtige Existenz zurück, die der Schöpfer aus dem Nichts erschaffen haben soll.

Die Unvollkommenheit der Schöpfung, deren Abhängigkeit von Gott, enthält also bereits die im nachchristlichen Denken verabsolutierte Vorstellung der Nichtigkeit der Welt. Das gleiche gilt für die Vergänglichkeit und Unbeständigkeit aller Dinge, woran vor allem Nietzsche den christlich geprägten Gedanken von der Nichtigkeit der Welt festmacht.

Tatsächlich unterscheidet man im christlichen Abendland, von Platons Zwei-Welten-Lehre ausgehend, zwischen «wahrem

Jenseits» und «scheinbarem Diesseits». Als wahr gilt allein das
Eine, Ewige und Unveränderliche, als scheinbar dagegen das Veränderliche, Wechselhafte, Werden. Darum erscheint dem jen-
seitszugewandten Leben das vielgestaltige und veränderliche
Diesseits auch wie eine Ansammlung wesenloser Schattengestal-
ten, als nichtige Existenzen, auf die es im Grunde nicht an-
kommt. Beraubt man nun diese bereits zu Nichtigkeit und
Scheinbarkeit herabgesetzte Welt zusätzlich ihres außerweltlichen Grundes und Zweckes, so bleibt nur noch eine wesenlose
Natur zurück — die bis zur Unerträglichkeit gesteigerte Vorstellung eines Ganzen ohne Gewicht und Bedeutung.

Hieraus wird deutlich: In der Idee der Unvollkommenheit der
Welt, der Vorstellung der diesseitigen Wirklichkeit als aus dem
Nichts heraufbefohlener Schöpfung, ist bereits die nachchristli-
che Erfahrung der absoluten Nichtigkeit ansatzweise enthalten.
Man braucht bloß Gott aus der unbeständigen, scheinhaften,
aus dem Nichts erschaffenen Welt herauszuziehen und schon er-
scheint sie als absolut sinn- und schwerelos: die Heraufkunft des
Nihilismus!

Diese Herleitung der im ausgehenden 19. und beginnenden
20. Jahrhundert entstandenen Vorstellung der absoluten Nichtigkeit des Alls mag auf den ersten Blick plausibel klingen; bei
näherem Hinsehen zeigt sich aber, daß diese dadurch noch nicht
vollständig erklärt ist. Denn man kann gleichfalls argumentieren:
Indem sich Gott und das ewige Jenseits als große Illusion erweisen, verliert die Schöpfung nicht nur die Bestimmung der kreatürlichen Vollkommenheit und Erheblichkeit, sondern damit zusammen auch die der Unvollkommenheit und Nichtigkeit, so
daß es eher unverständlich ist, wie es jemals zur Vorstellung der
absoluten Nichtigkeit und Vergeblichkeit der Welt kommen
konnte. Grundsätzlich gesehen, kann von Unvollkommenheit
und Nichtigkeit doch nur in bezug auf Vollkommenheit und
Wichtigkeit gesprochen werden, von scheinhaftem Sein nur auf

dem Hintergrund von wahrem Sein. Wo es aber das eine nicht gibt, dort kann auch das andere nicht existieren. Dennoch führte die Rede vom «Tod Gottes» im 19. Jahrhundert nicht zur Aufhebung der Doppelbestimmug der Schöpfung, vollkommen und unvollkommen, wichtig und nichtig zu sein, sondern nur zum Wegfall des positiven Prädikats, nicht aber zur Auflösung des negativen. Deshalb muß die Erklärung an anderer Stelle ansetzen.

Erinnerung an verlorene Zeiten

Bisher konnte gezeigt werden: Die Erfahrung der Nichtigkeit der Welt ist in der christlichen Lehre bereits angelegt. Jedoch blieb bislang unverständlich, warum es ausgerechnet im 19. Jahrhundert nach dem sogenannten Tode Gottes zu dieser Steigerung der Weltvergeblichkeit ins Grenzenlose kam. Fest steht bislang nur, daß die radikale Abwertung der Welt als nichtig, vergeblich und überflüssig irgendetwas mit der christlichen Lehre zu tun hat. Erst bei näherem Hinsehen zeigt sich, daß jenem düsteren Weltempfinden nicht bloß die christliche Abwertung der Welt als wesenlos, vergänglich und unvollkommen zugrundeliegt, sondern vielmehr die abendländische Wertschätzung der Welt als vollkommen, erheblich und wichtig.

Nachdrücklich wurde darauf hingewiesen, daß aus christlicher Perspektive die Welt gleichermaßen als wichtig und nichtig erscheint, und daß sie im 19. Jahrhundert durch die Rede vom «Tod Gottes» zwar die Bestimmung der Wichtigkeit verlor, merkwürdigerweise aber nicht die ihrer Nichtigkeit. Die Erklärung für diese rätselhafte Tatsache sieht in etwa so aus: Die Entwertung der Welt als vergeblich, nichtig oder umsonst ist eine Folge des Wegfalls ihrer früheren Kennzeichnung als vollkommen, sinnvoll und bedeutsam, und steht so gewissermaßen für die Entleerung des Sinnbechers.

Allgemein empfinden wir etwas als vergeblich, überflüssig und umsonst, wenn es bestimmte Versprechen und Erwartungen nicht erfüllt, diese also enttäuscht. So erschienen die unermeßlichen Räume im Lichte der Zusicherung, daß alles für uns und um unseretwillen geschaffen sei, deshalb als vergeblich, weil sie sich nicht auf uns beziehen ließen. Ähnlich wird auch in der radikalen Weltvergeblichkeitserfahrung eine bestimmte Erwartung enttäuscht, nämlich die eines ersten Grundes und letzten Zwecks der Welt. Die grund- und zwecklose Welt ist eben nicht an sich vergeblich, sondern erscheint nur so vor dem Hintergrund der unerfüllten Erwartung eines metaphysischen Weltgrundes und Weltzwecks. Anders formuliert: Nur im noch immer erwartungsvollen, wenn auch mittlerweile enttäuschten Hinblick auf ihre einstmals zuerkannte Vollkommenheit und Erheblichkeit kann die Welt als vergeblich erscheinen. Damit wäre das Gefühl der Enttäuschung erklärt, das der maßlosen Weltvergeblichkeitserfahrung zugrunde liegt: Es ist Ausdruck der unerfüllten Erwartung metaphysischer Geborgenheit und Heimat.

Jedoch ist damit die Frage nach der Herkunft dieser überschwenglichen Erwartung noch nicht beantwortet. Ist sie etwas Angeborenes, ein naturwüchsiges Bedürfnis, das wir nicht umhin können zu haben, oder ist sie etwas Erworbenes, das sich unter bestimmten Bedingungen vermeiden ließe. Vieles spricht für die letztgenannte Annahme. Denn die von der Moderne enttäuschte Erwartung eines ersten Weltgrundes und letzten Weltzwecks ist geschichtlich herleitbar. Die Bedingungen ihrer Entstehung liegen in der christlich geprägten mittelalterlichen und neuzeitlichen Metaphysik. Diese hat in einem jahrhundertelangen Prozeß der großen Sinngebung Erwartungen und Ansprüche geformt, die bei Ausbleiben ihrer Erfüllung nicht einfach mit verschwinden, sondern erst einmal weiter bestehen. Das heißt, der Sinnbecher verschwindet nicht bereits mit dem Fehlen der Flüssigkeit, sondern bleibt als Inbegriff menschlicher Erwartungen und Sehnsüchte auch dann erhalten, wenn er keinen Inhalt mehr besitzt. Anders formuliert: An die Vorstellung eines metaphysischen Haltes gewöhnt, haben die Menschen allmählich den Anspruch entwickelt, daß es einen umfassenden Sinn geben müsse. Dieser Anspruch lebt auch dann fort, wenn sich die Anzeichen mehren, daß sich viele metaphysische Zusagen und Versprechen nicht halten lassen — wie Durst ja auch dann weiter besteht, wenn es nichts zu trinken gibt. In diesem Falle kommt es zum Zusammenstoß der Erwartung auf Flüssigkeit — als Sinnbild für den höchsten Grund und Zweck — mit der Unmöglichkeit ihrer Erfüllung. Die Folge hiervon ist ein Gefühl tiefster Enttäuschung, das von unerfüllter Erwartung herrührt, die uns dem kalten Licht einer vergeblichen Welt preisgibt. Erst darin erscheint die vormals als erheblich und vollkommen vorgestellte Welt nachmals als sinnlos und absolut nichtig. Wenn diese Herleitung zutrifft, dann ist die radikale Weltvergeblichkeitserfahrung, der Weltekel Sartres genauso wie der Weltzorn Ciorans, eine Entzugs- und Verlusterfahrung, die den Schmerz desjenigen artikuliert, dem etwas abhanden gekommen ist, das er hoch verehrte und nun entbehrt. Die ehemals von Gott mit dem ganzen Gewicht seiner Macht fürsorglich getragene Welt erscheint also nach seinem sogenannten Tod nur deshalb als halt- und gewichtslos, weil in uns die schmerzhafte Erinnerung, hoffnungslose Erwartung und ungestillte Sehnsucht nach seinem Halt wach geblieben sind.

Nietzsche hat diese höchst komplexen Zusammenhänge aufs genaueste durchschaut, wenn er schreibt: «Man hat sich unter der Herrschaft religiöser Gedanken an die Vorstellung einer anderen (hinteren, unteren, oberen) Welt gewöhnt und fühlt bei der Vernichtung des religiösen Wahns eine unbehagliche Leere und Entbehrung.» Dabei gilt die Regel: Je größer die Sinnerfüllung einst war, umso stärker ist das Gefühl der Entbehrung und Leere nach ihrem Verlust, und je stärker dieser wiederum schmerzt, umso sinnloser und vergeblicher erscheint dann die Welt. Hier bewahr-heitet sich eine bereits von Platon gemachte Erkenntnis, daß nämlich «jedes Übermaß gerne einen heftigen Umschwung in das Gegenteil»[56] bewirkt, was mehr als zweitausend Jahre später Nietzsche so ausdrückt: «extreme Positionen werden nicht durch ermäßigte abgelöst, sondern wiederum durch extreme, aber um-gekehrte. Und so ist der Glaube an die absolute Immoralität der Natur, an die Zweck- und Sinnlosigkeit der psychologisch noth-wendige Affekt, wenn der Glaube an Gott und eine essentiell moralische Ordnung nicht mehr zu halten ist. Der Nihilismus erscheint jetzt [...]. Eine Interpretation ging zu Grunde; weil sie aber als die Interpretation galt, erscheint es, als ob es gar keinen Sinn im Dasein gebe, als ob alles umsonst sei.»[57] So folgt auf jede übermäßige Sinnerfahrung, wenn sie plötzlich ausbleibt, ein Ge-fühl maßloser Sinnleere, aber kein maßvolles Sinnerleben.

Ein schwerer Abschied

Nach dem Aufzeigen der Entwicklung religiöser Erwartungen zu einer maßlosen Weltvergeblichkeitserfahrung aus ihren ge-schichtlichen Voraussetzungen und ihrer Enthüllung als Verlust- und Entzugserfahrung werden die Bedingungen sichtbar, unter denen sie sich nicht mehr einstellen dürfte. Da sie die Folge einer Enttäuschung ist, und solche nur dort entsteht, wo etwas erwar-tet, aber nicht erfüllt wird, kommt es darauf an, unsere Erwar-tungen zu mäßigen, wenn die besagte Enttäuschung und mit ihr die maßlose Weltvergeblichkeitserfahrung auf die Dauer ausblei-ben soll. Man sollte versuchen, den großen alten Sinnbecher los-zuwerden.

Aber so einfach dieser Rat klingt, selbstverständlich ist er kei-neswegs, denn gewöhnlich begegnet man der Weltvergeblichkeits-erfahrung mit der Empfehlung, die leergewordene Systemstelle, die Gott einst ausfüllte, wieder mit ihm oder ähnlich wirkendem Ersatz auszufüllen. Das heißt, man ist immer wieder darum bemüht, den Sinnbecher neu zu füllen. Hierbei bleiben die über die Jahrhunderte hin ausgebildeten Sinnerwartungen — der Sinnbecher selbst — zumeist ungeprüft und damit die entsprechenden Stellen im System möglicher Weltdeutung vollständig anerkannt. Ähnlich wie alle Ersatzmetaphysiken bewegt sich auch die maßlose Weltvergeblichkeitserfahrung noch im Wirkbereich der christlichen Metaphysik. Zwar sind beide gottlos, aber noch nicht Gott losgeworden, denn sie übernehmen die vom Christentum ins Stellensystem möglicher Weltdeutung eingebauten Sinnerwartungen. Christliche Metaphysik, Ersatzmetaphysiken sowie der Nihilismus der maßlosen Weltvergeblichkeitserfahrung stimmen im Maß der als legitim angesehenen Sinnerwartungen völlig überein, die nur bei ersterer erfüllt sind, bei den zweiteren hingegen nur scheinbar erfüllt werden und im Nihilismus schließlich unerfüllt bleiben. Mit anderen Worten: Gott, Götzen und Nichts halten alle drei am Sinnbecher fest.

Indessen ist eine durchgreifende Überwindung des Christentums nur durch entsprechende Einschränkung und Mäßigung der von ihm hervorgebrachten Sinnerwartungen möglich. Denn ein Ausgleich von ungerechtfertigtem Sinnanspruch und notwendigem Sinnverlust läßt sich nur durch Sinnverzicht herstellen — und das heißt: Beseitigung des Sinnbechers! Sobald dies geschieht, verschwinden auch die vom Christentum am System möglicher Weltdeutung angebrachten Sinnstellen, wodurch der Möglichkeit maßloser Weltvergeblichkeitserfahrung der Boden entzogen wäre. Diese läßt sich am besten noch durch Auflösung der Bedingungen abbauen, die zu ihr hinführten. Ähnlich wie sich die Erfahrung der Vergeblichkeit der sternenleere Räume dadurch vermeiden ließ, daß das unermeßliche Weltall nicht länger als um des Menschen willen und für ihn geschaffen vorgestellt wurde, kann die übertriebene Weltvergeblichkeitserfahrung durch Absenkung von Sinnerwartungen verhindert und umgangen werden. Soll dieses Ziel wirklich erreicht werden, darf die grund- und zwecklose Welt nicht mehr vor dem Hintergrund des ihr vormals zugedachten ersten Grundes und letzten Zwecks vorgestellt werden. Sie hiervon abkoppeln heißt, mit solchen Bestimmungen nicht länger zu rechnen, ja, sich ihrer noch nicht einmal als verloren zu erinnern. Mit der sehnsuchtsvollen Erinnerung daran verschwindet auch das Gefühl der Entbehrung und des Entzugs, bauen sich die problematischen Sinnerwartungen ab, und der schwere Abschied von Metaphysik und Theologie kommt endlich zu einem gewissen Abschluß und wird somit seinerseits verabschiedet.

Was dann übrigbleibt, ist ein sinnindifferentes Weltall, das Universum als neutrales Faktum. Knapp und durchaus zugespitzt formuliert gilt von diesem, so man die Aussagen der modernen Wissenschaft ernst nimmt, daß es, bestehend aus Wasserstoff und Helium, mehr als 100 Milliarden Milchstraßen umfaßt, von denen sich wieder jede aus mehr als 100 Milliarden Sonnen zusammensetzt. Unserem Planeten Erde kommt innerhalb dieses unermeßlichen Universums eine Randstellung zu. Im sich seit 15 bis 30 Milliarden Jahren entwickelnden Weltall sind wir am Rande einer durchschnittlichen Spiralgalaxie zu Hause. Unser Sonnensystem ist etwa fünf, die Erde viereinhalb Milliarden Jahre alt; die Gattung Homo ist annähernd zwei Millionen Jahre und die Spezies Homo sapiens seit 400 000 Jahren hier. Innerhalb der Entwicklung des Universums bildet die Menschheitsgeschichte nur eine Episode von ungeheurer Kürze. Vielen Wissenschaftlern gilt als sicher, daß im Ganzen des kosmischen Geschehens das Auftreten von bewußtem Leben, das an die Funktionsfähigkeit eines Gehirns gebunden ist und ohne neurophysiologische Prozesse nicht ablaufen kann, höchst unwahrscheinlich war. Dieses und darüber hinaus die wissenschaftlichen Erkenntnisse über die Mechanismen der Vererbung sowie die Naturgeschichte des menschlichen Verhaltens lassen kaum noch die anthropozentrischen Aussagen der Tradition zu und berauben alle metaphysischen Sinnmodelle ihrer Plausibilität. Das so beschaffene Weltall trotzdem nicht als nichtig, unerheblich, vergeblich oder überflüssig zu bewerten heißt, es nicht vor dem Hintergrund dieser alten Sinnmodelle zu sehen, keinen überschwenglichen Sinn mehr zu erwarten, kurz: den Sinnbecher weggeworfen zu haben.

Nun stellt sich allerdings die prekäre Frage, ob denn eine Ausschaltung der sehnsuchtsvollen Erinnerung an vormalige Sinnmodelle und eine Minderung der überschwenglichen Sinnerwartungen ohne weiteres möglich sind. Läßt sich der Sinnbecher so einfach aus der Welt schaffen? Freilich tragen die erwähnten wissenschaftlichen Erkenntnisse einiges hierzu bei, und die säkulare Lebenswelt bildet dazu noch Bewußtseinsstrukturen aus, welche die Menschen tendenziell interesselos an den großen Sinnentwürfen vorübergehen lassen. Darüber hinaus fördert sicherlich auch die Einsicht, daß die über Jahrhunderte hin ausgebildeten überschwenglichen Sinnerwartungen unangemessen und vermessen waren, deren Abbau oder wenigstens ihre Begrenzung. Grundsätzlich ist aber zuzugeben, daß die Absenkung von Sinnerwartungen weniger eine Frage rationaler Argumente oder gar persönlicher Absicht ist, als vielmehr ein sich dem Zugriff des einzelnen entziehendes und damit unverfügbares Ereignis darstellt, wann immer es dazu kommt. Argumente für oder gegen die Bewahrung traditioneller Sinnmodelle können uns verständlich sein, ohne uns deshalb voll zu erreichen, weil sie nicht mehr oder noch nicht «greifen». Daher darf auch der Stellenwert der Argumente für die Minderung der großen Sinnerwartungen nicht allzu hoch veranschlagt werden. Ob wir schließlich über das Ausbleiben des großen Sinns noch enttäuscht sind und im Lichte dieser Enttäuschung die Welt dann als vergeblich wahrnehmen, weil wir am Sinnbecher festhalten, oder den großen Sinn schon gar nicht mehr erwarten, weil wir den Sinnbecher

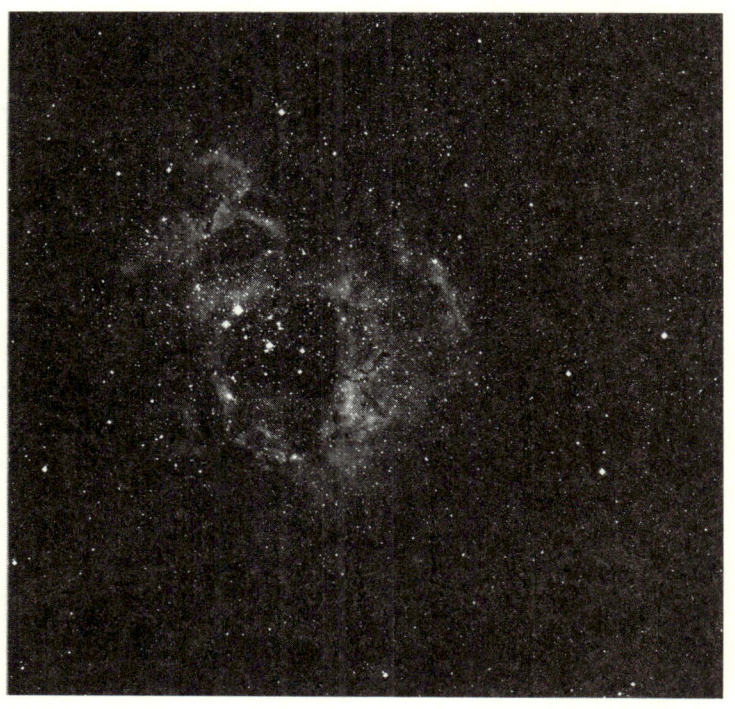

Der Rosettanebel

zum Abfall getan haben, hängt nicht so sehr von uns selbst als
vielmehr von unserer Veranlagung, Sozialisation und kulturellen
Umwelt ab. Die sinnindifferente Wirklichkeit aber nicht mehr
als vergeblich wahrnehmen bedeutet, sie wieder als faszinieren-
des Schauspiel erfahren können — ein Schauspiel ohne tiefere Bedeutung allerdings.

Davon abgesehen steht heute bereits eines fest und läßt sich
nur schwer leugnen: An vielen Orten unserer Gesellschaft ist die
angezeigte Entwicklungstendenz bereits so weit fortgeschritten,
daß die großen Sinnentwürfe nicht nur keine Anziehungskraft
mehr ausüben, sondern daß ihr Verlust noch nicht einmal mehr
ein Gefühl der Entbehrung weckt. Dort erscheint die Rede vom
«Tode Gottes» geradezu als Rückfall in eine längst überwunden
geglaubte Sprechweise. In diesem Sinne bemerkt etwa der amerikanische Philosoph Richard Rorty, der stellvertretend für viele
andere genannt sei[58], «daß wir uns langsam, aber sicher von
Theologie und Metaphysik [...] befreit haben»[59] und auf eine
«post-religiöse», «post-metaphysische Kultur» hinbewegen. Ungerührt und unbetroffen stellt er fest: «Sobald die geschlossene
Welt durch ein unendliches Universum aus Korpuskeln ohne eigenen Sinn ersetzt wird, vermag man sich kaum noch auszuma-
len, wie das wäre, auf die Schöpfung herabzublicken und sie für
gut zu befinden.»[60] Das Bemühen der Neutralisierung der Welt
scheitert hier nicht mehr an der Enttäuschung über die Nicht-
erfüllbarkeit der von der theologisch-philosophischen Tradition
hervorgebrachten Sinnerwartungen. Im Gegenteil drängt sich
jetzt sogar die Frage auf, ob in der Auseinandersetzung mit der
maßlosen Weltvergeblichkeitserfahrung nicht Probleme behandelt werden, welche die meisten von uns schon gar nicht mehr
haben. In der Tat scheint die Frage nach der Bewältigung der radikalen Weltvergeblichkeitserfahrung als eines kosmologischen
Traumas nicht im Brennpunkt gegenwärtigen Interessses zu stehen. Es wäre aber falsch, daraus auf ein gänzliches Ablassen der

höchsten Fragen und großen Sinnerwartungen zu schließen. Im Gegenteil tauchen gerade in den Augenblicken, da man begonnen hat, sich mit der Unhaltbarkeit seines überschwenglichen Sinnbegehrens abzufinden, immer wieder ernst zu nehmende Sinnversprechen auf,[61] bezüglich derer man zwar bereit wäre, sie sich erfüllen zu lassen, aber immer weniger imstande ist, ihrer Verwirklichung tatsächlich Glauben zu schenken. Diesem Spannungsverhältnis wohnt weiterhin die Gefahr der Enttäuschung inne, die jederzeit wieder in die beschriebene maßlose Weltvergeblichkeitserfahrung umschlagen könnte.

Im zusammenfassenden Rückblick ergibt sich folgendes Bild: In der Neuzeit folgen zwei Weltvergeblichkeitserfahrungen aufeinander — eine gemäßigte und eine maßlose. Die gemäßigte behauptet nur die Überflüssigkeit und Unerheblichkeit der unermeßlichen Räume sowie der unbewohnten Himmelskörper, die maßlose hingegen die des Weltalls selbst. Beide Erfahrungen sagen nichts über die Wirklichkeit aus, sondern nur etwas über unser Verhältnis zu ihr: Sie entspringen unerfüllt gebliebenen Erwartungen, eben Enttäuschungen.

Bei der gemäßigten Weltvergeblichkeitserfahrung handelt es sich um die von der stoisch-christlichen Tradition hervorgebrachte Erwartung, daß alles für den Menschen und um seinetwillen geschaffen sei, bei der maßlosen dagegen um die von der christlich inspirierten Metaphysik hinterlassene Erwartung, daß die Welt einen höheren Sinn, einen ersten Grund und letzten Zweck besitzt. Die erste wird in der Neuzeit durch die kosmologische Erweiterung des Weltraums ins Unermeßliche enttäuscht, die zweite durch die Proklamation vom «Tode Gottes», zu der es insgesamt vier miteinander konkurrierende Einstellungen gibt, die das Bild des Sinnbechers aufs deutlichste veranschaulicht: Dessen Sinnentleerung führte zunächst zu Nihilismus und Existentialismus, dem sogenannten Nichts; seine Wiederauffüllung dann entweder zur Erneuerung christlicher Werte und Ideen, wofür der Ausdruck Gott steht, oder zur Ersetzung der Religion durch Surrogate — den Götzen einer gottlos gewordenen Welt. Ein möglicher vierter Weg heißt Sinnverzicht als Abbau von zuvor als überzogen erkannten Sinnansprüchen: die Beseitigung des Sinnbechers.

Alle vier Wege lassen sich grundsätzlich beschreiten, aber nicht alle führen an ein annehmbares Ziel: Der Nihilismus ist im Grunde unerträglich, jeder Götzenkult auf Dauer unhaltbar, wie wir wissen, sogar gefährlich, und die Erneuerung des christlichen Glaubens eher unwahrscheinlich. Aus diesem Grund empfiehlt sich der vierte Weg: die Absenkung unserer Sinnansprüche, um nicht in den tiefen Abgrund der Sinnlosigkeit stürzen zu müssen.

Bei alledem zeigt sich in ungetrübter Klarheit: Erst im Lichte unerfüllter Erwartungen erscheint die Welt als mehr oder weniger vergeblich, umsonst, unerheblich, überflüssig, sinnlos. Wirkungsvoll vermeiden lassen sich deshalb diese Enttäuschungen noch am ehesten durch Zurücknahme der entsprechenden Erwartungen; dann können die beiden skizzierten Weltvergeblichkeitserfahrungen verhindert und umgangen werden. Nun wird es sogar möglich, sich mit der Welt ins Einvernehmen zu setzen, obgleich sie selbst keinen höheren Sinn hat und noch viel weniger einen solchen für uns bereithält. Daß die gegenwärtige Entwicklung dahin tendiert, steht außer Frage, ob sie allerdings dieses Ziel erreicht und dies die einzige Lösung ist, bleibt offen. Jedenfalls erwarten heute viele den hohen Sinn nicht mehr, weil sie ihn entweder noch haben oder bereits ohne ihn zurechtkommen.

KUNST DER GENÜGSAMKEIT

Sinnbilder am Nullpunkt des Sinns

Nichts Tröstliches liegt in der Erkenntnis, daß dem Menschen im Laufe seines Lebens nur Menschliches widerfährt, wenn man bedenkt, wie unmenschlich das Menschsein manchmal ist. Mit eindringlichen Worten beschreibt Friedrich Schiller, in welch «großes Unglück»[1] der Mensch ohne eigenes Verschulden geraten kann. Widrige Umstände können den Einzelnen «seiner Güter berauben [...], seinen Namen zugrunde richten [...], Krankheiten [...] ihn auf ein schmerzhaftes Lager werfen, alle, die er liebt, [kann] der Tod ihm entreißen, alle, denen er vertraut, ihn in der Not verlassen.» Ähnlich William Shakespeare in *Hamlet*: Das Leben auf der Erde kann zur Hölle werden, wenn «die Pfeile und Schleudern des wütenden Geschicks, [...] eine See von Plagen, [...] das Herzweh und die tausend Stöße, die unseres Fleisches Erbteil, [...] der Zeiten Spott und Geißel, des Mächtigen Druck, [...] verschmähter Liebe Pein»[2] einen heimsuchen. Tatsächlich sind wir Menschen von Geburt an einem unaufhaltsamen Strom von Ereignissen ausgeliefert, die sich uns in der Form von Widerfahrnissen aufdrängen, welche die Übermacht der Wirklichkeit spürbar machen. Diese wird von uns für gewöhnlich als bitter und schwer empfunden; leidvolle Begebenheiten stoßen uns zu, ohne danach zu fragen, ob man sie überhaupt ertragen kann. In ihrer Unausweichlichkeit liegt ihre Unerbittlichkeit. Wenn das Unglück kommt, ist es einfach da in brutaler, sinnloser Tatsächlichkeit — sei es als Krankheit, Schmerz, Unrecht, Verlassenheit oder Tod; die menschliche Gebrechlichkeit und jede Form von Existenzsorge gehören auch dazu.

In schweren Lebenssituationen suchen die Menschen oft Zuflucht in der Religion, bei Gott, in dem als offenbarte Hoffnung das Herz Ruhe und Frieden finden möchte. Seit jeher sieht man in Not und Elend, in der Existenz physischer Übel, der geschichtlichen Erfahrung des Unterdrückten und Verfehlten aber auch einen Beweis für die Nichtexistenz Gottes. Während demnach die einen im Erleben des Leidvollen, Sinnwidrigen und Wertirrationalen ein Argument gegen Gott erblicken, ist für andere die gleiche Erfahrung ein Grund, an ihn zu glauben.

Gottfried Wilhelm Leibniz unterschied zu Beginn des 18. Jahrhunderts drei Arten von Übel: das metaphysische, *malum metaphysicum*, das physische, *malum physicum* und das moralische, *malum morale*.[3] Das metaphysische Übel besteht in der Unvollkommenheit, Endlichkeit und Beschränktheit der Welt, das physische in körperlichen Leiden und Gebrechen und das moralische in der Sünde, dem Bösen als Mißbrauch der Freiheit.

Im folgenden soll es vor allem um eine zeitgemäße Erörterung des *malum metaphysicum* gehen, das heißt um die Frage, unter welchen Bedingungen selbst die Welt als Übel erfahren wird und ob eine solche Kennzeichnung ihr wirklich angemessen ist. Daran anschließend sei auf die Frage eingegangen, ob und inwiefern ein mit sich selbst versöhntes Dasein in leidvollen Lebenslagen denkbar ist.

Weltverachtung statt Weltverehrung

Wie bereits ausgeführt wurde in der griechischen Antike das Weltall tendenziell als selbstgenügsamer, kugelförmiger Ordnungszusammenhang — als göttliches Lebewesen — vorgestellt, außer dem es sonst nichts gibt. Ganz anders waren dagegen die

Verhältnisse in der sogenannten Gnosis, in der eine grundlegende Blickänderung erfolgte. Allgemein bedeutet «Gnosis» soviel wie «Erkenntnis» und steht für eine philosophisch-theologische Bewegung der ersten nachchristlichen Jahrhunderte, die von altorientalischen, besonders persischen und syrischen Religionsvorstellungen geprägt wurde. Gegenüber dem griechischen Weltverständnis wechselte in dieser Geistesrichtung der Kosmos seine Vorzeichen: Das All verlor nun seine Göttlichkeit und damit auch seine Verehrungswürdigkeit. Weltverehrung wurde durch Weltverachtung ersetzt, an die Stelle von Weltvertrauen trat Weltangst, eine Grundbefindlichkeit, in der sich das Universum dem Menschen als ungastliche Fremde zeigte; deshalb fühlten sich die Gnostiker in der Welt auch wie heimatlose Fremde. Zwar wurde der Kosmos wie bei den Athenern als Ordnung und abgeschlossene Kugel vorgestellt, aber während die kugelförmige Geschlossenheit der Welt für das antike Griechentum Sinnbild ihrer verehrungswürdigen Vollkommenheit war, wurde sie in der Gnosis als Trennung von Gott empfunden. Der gottfremde Kosmos erschien als Kerker, Verlies und Gefängnis, das den Menschen von seiner jenseitigen Heimat trennte.

Mit dem Wandel vom hellenistischen Weltoptimismus zum gnostischen Weltpessimismus ging ein radikaler Dualismus einher. Die weltverklärenden Griechen waren tendenziell Monisten, für die es außerhalb des geheiligten, göttlichen Weltalls nichts gab. Dagegen setzten die Gnostiker dem finsteren Weltall ein jenseitiges Reich des Lichtes gegenüber, eine Sphäre des Göttlichen. Gott und Welt, bei den alten Griechen noch eins, traten hier auseinander. Jedoch bestanden die Sphären des Göttlichen und der Welt, das Reich des Lichtes und der Finsternis nicht einfach unverbunden nebeneinander, sondern sie bekämpften sich gegenseitig. Darum ließ sich die Existenz der Welt auch nicht auf den Schöpfungswillen eines im Lichtreich beheimateten Gottes zurückführen; die Welt der Finsternis hatte ihren eigenen Urheber.

Der glorifizierte Kosmos der alten Griechen wurde so von einem dämonisierten Universum abgelöst, dessen Betrachtung nicht mehr das Höchste für den Menschen war. Im Gegenteil empfahlen die Gnostiker, der Welt zu entfliehen durch Einkehr in sich selbst, die sie zugleich als Aufstieg zum Lichtreich interpretierten. Hinter diesem gnostischen Dualismus, der Trennung zwischen jenseitigem Reich des Lichtes und diesseitiger Sphäre der Finsternis, steht die existenzielle Unterscheidung zwischen irdischer Fremde und himmlischer Heimat.

Unvollkommenheit der Welt

Für die antiken Griechen war das Göttliche die Welt des Augenscheins; immer wieder betonten sie deshalb den Vorrang des Sehens vor allen übrigen Sinnen. Im Christentum wird dagegen der Mensch vom Hören in Anspruch genommen: Die Christen hören das göttliche Wort.

Hierbei erweist sich die christliche Lehre als zutiefst zweideutig. In ihr verbindet sich die griechische Weltverehrung mit der gnostischen Weltverachtung. Denn einmal ist die Schöpfung mit freundlich-bergendem Antlitz verehrungswürdig, vollkommen; nach Psalm 18 rühmen die Himmel Gottes Herrlichkeit. Doch ist dieselbe Welt ebenso Stätte der Angst und Unvollkommenheit, eine heimatlose Fremde für uns Menschen, die sich nach der himmlischen Heimat sehnen und von der Erde erlöst werden möchten. Diese Zweideutigkeit der christlichen Weltauffassung ist unüberwindbar, denn sie zeigt keinen Mangel oder Widerspruch an, sondern ein charakteristisches Merkmal; sie ergibt sich aus der Gleichsetzung des Schöpfergottes mit dem Erlösergott.

Als Gottes Schöpfung ist die Welt vollkommen, wie bereits der Kirchenvater Origenes betonte, nach dem es ganz unvernünftig wäre anzunehmen, «daß diese Welt, so herrlich und zweckmäßig eingerichtet, nicht von der Hand eines weisen Künstlers erbaut wurde»[4], und geradezu widersinnig zu behaupten, «Werke voller Vernunft und Vollkommenheit entstünden durch Zufall»[5], was Dionysios der Große hervorhob. Die «Vollkommenheit des Weltalls»[6] stand für sie alle außer Frage, so daß es, mit Augustinus gesprochen, falsch wäre, «wenn jemand sagte: Die Geschöpfe sollten nicht sein, und nicht minder irreführend, wenn er sagte: Sie sollten anders sein.» Denn «von dem Sichtbaren ist die Welt das größte, von allem Unsichtbaren Gott.»[7]

Seit Cicero wird das All immer wieder mit einem geheiligten Tempel verglichen, der von religiöser Bedeutung erfüllt sei und so Weltvertrauen und Weltbewunderung hervorrufe. An der Schwelle zur Neuzeit schrieb Pico della Mirandola: «Gottvater, der höchste Baumeister hat dieses Haus, die Welt, die wir sehen, als erhabensten Tempel der Gottheit [...] errichtet.»[8] Ähnlich nannte auch Kopernikus, der bekanntlich die Welt um ihre Mittelpunktstellung brachte, den Kosmos einen «wunderschönen Tempel»[9]. Gleichfalls charakterisierte Kepler die Welt auf die genannte Weise: «Nichts ist köstlicher, nichts schöner als unser hellichter Gottestempel.»[10]

Aber mag die von Gott geschaffene Welt noch so vollkommen sein, ganz so vollkommen ist sie nun doch wieder nicht — und das aus mindestens zwei Gründen: Wie schon oben erwähnt, darf der Anblick der wohlgeordneten Schöpfung zum einen deshalb keine restlose Erfüllung menschlichen Glücksbegehrens bieten, weil in diesem Falle die Gefahr zu groß sei, daß vor Bewunderung der Welt ihr Schöpfer vergessen werde. Zwar soll uns die Betrachtung der Schöpfung in einen Zustand der Glückseligkeit versetzen, die größtmögliche aber soll man von der Anschauung Gottes erwarten. Zum anderen darf das Lob des weise eingerichteten Weltalls nicht das Glücksstreben der Menschen umfassend erfüllen, weil sonst die Gefahr drohe, vor Bewunderung der Schöpfung ihre und die menschliche Erlösungsbedürftigkeit zu verkennen. Niemals sollte man vergessen, daß Gott, der die Welt erschuf, auch derjenige ist, welcher uns von ihr befreit und diese von sich selbst erlöst. Eine absolut vollkommene Welt müßte nicht erlöst werden; schon allein deshalb darf sie nicht uneingeschränkt gutgeheißen, vorbehaltlos bejaht werden. Christlich gesehen bietet also die Welt einen ebenso erfreulichen wie trostlosen Anblick.

Hierbei darf ihre Unvollkommenheit, die Leibniz *malum metaphysicum* nennt, nicht mit der ihr innewohnenden Sündhaftigkeit gleichgesetzt werden. Unvollkommene Welt und abgefallene Welt meinen nicht dasselbe; die Schöpfung ist schon vor aller Sünde unvollkommen ihrer bloßen Kreatürlichkeit und Endlichkeit wegen. Vereinfacht gesprochen: Sie ist nicht wie ihr Schöpfer göttlich, nicht wie der absolut vollkommene Gott. Das metaphysische Übel, das *malum metaphysicum*, meint demnach eine Unvollkommenheit, die in der Natur der Kreatur liegt, was ganz Unterschiedliches bedeutet: Einmal, daß jedes vergängliche Geschöpf weniger wirklich ist als Gott; dann drückt bereits die Kreatürlichkeit der Welt, deren bloßes Erschaffensein, eine Unvollkommenheit aus, wohingegen anfang- und endlos aus sich heraus zu existieren große Vollkommenheit bekundet. Hinzu kommt, daß gerade eine aus dem Nichts heraufbefohlene Welt besonders unvollkommen zu sein scheint, obwohl oder weil sie von Gott in jeder Beziehung abhängt, denn sie besitzt keinerlei Eigengewicht; Gott könnte sie jederzeit wieder ins Nichts stürzen, wann immer es ihm gefällt. Aus christlicher Sicht ist die Welt ein vorübergehendes, vergängliches Faktum, was gleichfalls eine Unvollkommenheit ausdrückt ebenso wie die Beschränktheit und Sterblichkeit aller Lebewesen. Auch daß diese weniger als Gott bewirken können, beweist nur, wie unvollkommen die vollkommen eingerichtete Welt doch ist.

Von diesem sogenannten metaphyischen Übel ist die Zerrüttung der Schöpfung durch den Sündenfall zu unterscheiden.

Nach alter Lehre hat sich dadurch nicht nur der Mensch selbst mit Sorge, Mühe und Not beladen, sondern auch die außermenschliche Schöpfung verdorben. Besonders eindrucksvoll beschreibt der späte Schelling im 19. Jahrhundert, von christlich-metaphysischen Ideen beeinflußt, die kosmischen Folgen des menschlichen Sündenfalls. Hatte er in der Frühphilosophie die Natur noch als göttlichen Harmoniezusammenhang gewürdigt, so fragte er in seinem Spätwerk: «Kündigt nicht alles ein gesunkenes Leben an? Sind diese Berge so gewachsen, wie sie da stehen? [...] Wer wird glauben [...], daß eine göttliche Hand schwerere Felsenmassen auf schlüpfrigen Ton gelagert, damit sie in der Folge herabgleiten und friedliche Täler, besäet mit menschlichen Wohnungen, in schrecklichem Ruin, fröhliche Wanderer mitten auf dem Wege begraben?»[11] Das könne Gott nicht gewollt haben; es gehöre zu den unvermeidlichen Folgen der menschlichen Abkehr von ihm, wodurch die ursprüngliche Ordnung und Harmonie des Ganzen gestört und zerstört wurde. «Darum sind die Augen aller Geschöpfe auf [den Menschen] gerichtet [...]. Alles scheint ihn mit stummem Seufzen anzuklagen, oder stürzt sich auf ihn als den allgemeinen Feind, [um dann] fühllos an den Szenen des Jammers und der Verzweiflung vorüberzugehen», meint Schelling, die verheerenden Wirkungen des menschlichen Sündenfalls mit eindringlichen Worten schildernd. Tatsächlich ist nach christlichem wie gnostischem Verständnis die Welt durch den Sündenfall Stätte angsterregender Finsternis geworden, vor der wir auf der Hut sein müssen und an die wir unser Herz nicht hängen dürfen. Im Christentum wird die den Menschen auferlegte Last des Lebens diesen also selbst zur Last gelegt.

Wohlgemerkt ist in christlicher Perspektive die Welt aber beides: vollkommen wie unvollkommen. Dem entsprechend erscheint sie einerseits als freundlich-bergend, andererseits als feindlich-fremd und der Mensch darin mal als «Krönung des

Ganzen», mal als «sündiges Rabenaas». Noch einmal anders ge-
wendet: Als Gottes Schöpfung ist die Welt — wie für die antiken
Griechen — zwar vollkommen, herrlich und wunderschön anzu-
schauen; als solche ist sie aber auch ein vergängliches Reich der
Finsternis, in dem wir von Weltangst heimgesucht werden, eine
Stätte der Sünde und feindlicher Mächte des Bösen — wie für die
Gnostiker.

Zerrissene Kette des Seins

Sinndeutungen wie die dargestellten sind in der heutigen Zeit
äußerst fragwürdig. Mittlerweile besteht der begründete Verdacht, daß es eine besondere Bedeutung der Welt und entsprechende Rolle des Menschen in ihr nicht gibt; Einzelheiten hierzu wurden bereits genannt. Mit Nietzsche gesprochen: «Was
Wert hat in der jetzigen Welt, das hat ihn nicht an sich, seiner
Natur nach — die Natur ist immer wertlos: — sondern dem hat
man einen Wert einmal gegeben, geschenkt, und wir waren diese
Gebenden und Schenkenden. Wir erst haben die Welt, die den
Menschen Etwas angeht, geschaffen!»[12] Wenn das stimmt, dann
ist die Welt weder vollkommen noch unvollkommen und keinem «hellichten Sonnentempel» gleich, auch nicht einem furcht-
einflößenden Kerker. Denn erteilt man, wie in Neuzeit und Moderne häufig geschehen, Gott kosmologisches Hausverbot, so
verliert das All nicht nur seinen außerweltlichen Grund und
Halt, sondern damit zusammen auch die Prädikate der Vollkommenheit und Unvollkommenheit. Trotzdem aber blieb zunächst
die Idee der Unvollkommenheit zurück, die dann sogar bis zur
unerträglichen Vorstellung absoluter Weltvergeblichkeit gestei-
gert wurde. Um es bildhaft auszudrücken: Der griechische Kosmos hatte seinen Halt in sich selbst, die christliche Schöpfungsordnung hat ihn dagegen in einem außerweltlichen Gott. In dem

Augenblick nun, in dem der weltjenseitige Halt entfällt und das Band, welches die Welt mit Gott verbindet, reißt, stürzt alles ins Boden- und Haltlose, was sich mit Hilfe einer alten Weltmetapher schön veranschaulichen läßt: der goldenen Kette des Seins.[13]

Dieses Bild geht auf Homers *Ilias* zurück, worin Zeus zu allen anderen Göttern spricht: «Eine goldene Kette befestigt ihr oben am Himmel, hängt euch nur alle daran, ihr Götter und Göttinnen; dennoch zieht ihr niemals Zeus, den Ordner der Welt, vom Himmel herab, wie sehr ihr auch danach trachtet.»[14] Platon hat als erster im *Theaitetos* dieses Bild aufgegriffen, um damit die unverbrüchliche Ordnung des Kosmos zu beschreiben.

In der Neuzeit aber ist die sogenannte goldene Kette des Seins in viele Einzelteile zerbrochen. Bereits im 17. Jahrhundert schrieb John Donne unter dem Eindruck der neuen astronomischen Entdeckungen, daß das Universum seine vollkommene Ordnung und damit jeden Halt verloren habe: Die Welt ist «wieder in Atome zerfallen [...]. Alles liegt in Stücken, jeder Zusammenhang, jeder rechte Halt und Bezug ist dahin.»[15] Die «große Kette, die alles zusammen verbindet, und alles in der Verbindung hält», scheint nicht mehr «sicher in der Hand einer alles ordnenden Macht»[16] zu liegen, wie auch Alexander Pope notierte. Ähnlich der Romantiker Jean Paul, nach dem durch die Hand des Atheismus «das ganze [...] Universum [...] zersprengt und zerschlagen»[17] wird. Bei Nietzsche wiederum läßt sich lesen: «Was taten wir, als wir diese Erde von ihrer Sonne losketteten? Wohin bewegt sie sich nun? [...] Stürzen wir nicht fortwährend? [...] Irren wir nicht wie durch ein unendliches Nichts?»[18]

Donne, Pope, Jean Paul und Nietzsche verbindet die Vorstellung der Zusammenhanglosigkeit der Welt, die der metaphysische Haltverlust mit sich bringt. Allerdings steht sie bei allen vieren in unterschiedlichen Zusammenhängen: Während sie bei Donne und Pope erst als Ahnung heraufzieht, bei Jean Paul noch als böser Traum entmächtigt bleibt, ist sie für Nietzsche bereits blanke Wirklichkeit.

Für unseren Zusammenhang ist das Bild der zerrissenen Kette des Seins insofern bemerkenswert, als darauf eine Erfahrung der Nichtigkeit des Ganzen erscheint: das ins Grenzenlose gesteigerte metaphysische Übel der Welt. Wie sich diese extrem negative Weltwahrnehmung überwinden läßt, ohne Zuflucht zu höheren Sinnmodellen nehmen zu müssen, wurde bereits im vorherigen Kapitel aufgezeigt. Notwendig hierfür sind eine bestimmte Enthaltsamkeit oder Entsagung hochgespannter Erwartungen, die Mäßigung überzogener Sinnansprüche als Abbau beruhigender Illusionen. Denn nur wer keine großen Sinnzusagen mehr erwartet, der rechnet auch nicht mehr mit einem absoluten Halt und wird folglich keinen höheren Sinn mehr vermissen. Wem ein solcher aber nicht mehr fehlt, der kann durch dessen Ausbleiben auch nicht mehr enttäuscht werden, so daß sich für ihn das Bild der zerrissenen Kette des Seins gleichsam in nichts auflösen wird. Erst dann ist eine Versöhnung mit der sinnfreien Welt möglich.

Stummes All, weites Meer und ewiges Eis

Angenommen, die zuletzt angesprochene Versöhnung mit der Welt käme tatsächlich zustande, so bliebe die Wirklichkeit im ganzen dennoch unberechenbar und bedrohlich für uns — eine Übermacht, die einem die eigene Ohnmacht und Schwäche deutlich vor Augen führte und auch spüren ließ.

Diese jedem Weltbehagen entgegengesetzte Erfahrung der Wirklichkeit bleibt vom Abbau aller höheren Sinnerwartungen gänzlich unberührt. Sie sei hier mit Hilfe ganz unterschiedlicher Naturerlebnisse veranschaulicht. Da wäre einmal das Bild vom stummen Weltall mit seinen öden Himmelswüsten und Milliarden brennender Sterne aus Wasserstoff und Helium. Dessen Unermeßlichkeit in Raum und Zeit, die Überzahl der Sonnen und Galaxien machen die Winzigkeit von Leben und Geist sichtbar, und dieses Mißverhältnis wiederum die Nichtigkeit und Unerheblichkeit des Menschen. Das Weltall ist zu gewaltig, als daß es darin auf die Menschheit ankommen könnte. So verstanden gibt die Größe des Universums, dessen räumliche und zeitliche Erstreckung einen Hinweis auf die Bedeutungslosigkeit des Menschen und seine Überflüssigkeit für den Weltverlauf. Diese Wahrnehmung bleibt selbst dann erhalten, wenn wir uns längst damit abgefunden haben, daß wir nicht Mitte und Krone der Schöpfung sind, die für uns einen besonderen Sinn bereithält.

Ähnliches gilt für das weite, sturmgepeitschte Meer. Es ist ein Bild für die unberechenbare, gesetzlose, ordnungswidrige Wirklichkeit, die für den Festlandbewohner zur Bedrohung werden kann, wenn er sich zu weit in sie hineinwagt — das Meer als gestaltlose Sphäre der für den Menschen unverfügbaren Willkür der Gewalten: unbestimmt, grenzenlos, übermächtig, und als Dunkelzone des Chaotischen das genaue Gegenteil von einem unverbrüchlichen Ordnungsgebilde. Den gleichen Eindruck vermitteln auch viele Naturkatastrophen, welche die Menschen immer wieder heimsuchen — wie etwa Vulkanausbrüche, Wirbelstürme, Erdbeben, die schon in der Vergangenheit nicht nur großartige Bauwerke, sondern darüber hinaus auch religiös-metaphysische Sinngebäude erschüttern, ins Wanken, ja, zum Einsturz bringen konnten. In Naturkatastrophen entfaltet die Wirklichkeit von allen Seiten ihre schrankenlose Willkür, welche die Menschheit seit jeher hinter die Kulissen ihrer Kultur — Mythos, Religion, Metaphysik, Technik — zu verlegen sucht.

Genauso deutlich wie das unermeßliche All, das weite Meer und die bebende Erde veranschaulichen auch das ewige Eis der beiden Erdpole und die öden Sandwüsten der heißen Erdregionen diese lebensbedrohliche, menschenfeindliche Übermacht der Wirklichkeit. Die riesigen Eis- und Sandmassen vor Augen trifft unser Blick stets nur auf einförmige Weiten und das Ohr bloß auf beängstigendes Schweigen. Sie lassen uns die absolute Vergänglichkeit allen Lebens erahnen: Eines Tages wird die Menschheit von der Erdoberfläche verschwunden sein, ohne daß sich etwas Nennenswertes im Universum ereignet haben wird. All unsere Mühen, Hoffnungen und Sehnsüchte werden in einem Massengrab des Vergessens spurlos verschwinden, so als hätten sie nie existiert, da kein Gedächnis mehr da ist, um auch nur die Erinnerung daran zu bewahren. Es wird dann nichts und niemanden mehr geben, der noch wissen könnte, daß es uns einmal gab. Denn von allem, was ist, wird höchstwahrscheinlich nur ein sich dem Nullpunkt näherndes Strahlungsfeld übrigbleiben.

Maskeraden der Gleichgültigkeit

So bedrohlich diese Übermacht der Wirklichkeit ist, wir Menschen stehen ihr dennoch nicht völlig hilflos gegenüber. Auch wenn sich die Gehege religiöser Hoffnungen, Sehnsüchte und Wünsche als Grabmarkierungen erwiesen haben, welche die menschlichen Sorgen und Lasten zwar umfrieden, nicht aber befrieden, so gibt es doch vielfältige Möglichkeiten, die sinnfreie Welt auf Abstand zu bringen — Verkleidungen ihrer Gleichgültigkeit, Kostümierungen ihrer Bedeutungslosigkeit.

Das seiner höheren Bedeutung beraubte stumme, gleichgültige, unermeßliche All führt in der Neuzeit zwar häufig zu Angst, Schrecken und Unbehagen, weil einem riesenhaften Universum aus Wasserstoff und Helium, dessen Firmament nicht mehr von der Herrlichkeit seines Schöpfers kündet, das freundlich-bergende Antlitz fehlt. Doch vermag der Anblick des gestirnten Himmels über uns — auch ohne große Sinnannahmen — nach wie vor stilles Staunen und Bewunderung hervorzurufen. Der Kosmos kann sich einem auch jetzt noch als etwas Großartiges erschließen, und seine Größe, Struktur, Entwicklung, Komplexität sowie seine unbegründbare Existenz können durchaus als positive Qualitäten erfahren werden. Wo immer dies geschieht, weicht das Entsetzen über die Welt einem Gefühl für ihre Besonderheit, die sie auch ohne höheren Sinn für uns Menschen behält. Denn selbst eine an sich gleichgültige Natur hat für uns einen Eigenwert, der sich vornehmlich ästhetischer Betrachtung und sinnlichem Erleben offenbart. Man denke etwa an den Anblick bizarrer Felsen, zarter Rosen, an ein Bad in den Wogen des Meeres, Vogelgezwitscher, die Heiterkeit eines strahlenden Sommertages, aber auch an Caspar David Friedrichs *Eismeer* sowie an die Freuden einer sternklaren Nacht.

Insbesondere der nächtliche Vollmond ist und bleibt für uns eine poetische Erscheinung, Ausdruck und Stimmung, Zeuge vom Tageslärm verschonter Liebesnächte. Es gibt zahlreiche Geschichten und Legenden, die sich um ihn ranken: Mondanbetungen, Mondmythen und Völker, die sich in Notzeiten an ihn wandten. Von Buddha wird erzählt, daß er bei Vollmond erleuchtet wurde. Doch nach Jahrtausenden faszinierender Spekulation ist der Mond, der von allen Himmelskörpern der Erde am nächsten steht und dessen Anziehungskraft nur ein Sechstel der Erdanziehung beträgt, kein Rätsel mehr. Die Mondgöttin müssen wir als Illusion begraben. Nur wer hinter dem Mond lebt, kann noch an seine Zauberkräfte glauben, an die Mondhexe, deren Blick menschliches Blut gefrieren läßt. Aber so sehr wir diese alten Geschichten in den Mond schreiben müssen, da dessen Oberfläche — ein Viertel der Erdgröße — einer öden Kraterlandschaft gleicht, deren Temperaturen zwischen −160 Grad und +120 Grad Celsius schwanken — der Erdtrabant bleibt für uns ein Objekt, in dem wir unsere Seelenzustände widergespiegelt finden. Gerade der Mond beweist, daß für uns selbst noch das ein Erlebnis sein kann, was die Erkenntnis als Illusion entlarvt. So mag die Mondgöttin verschwunden sein, die Poesie des Mondes aber ist geblieben. Man denke an Matthias Claudius' berühmtes Lied *Der Mond ist aufgegangen*, Goethes und Brentanos Gedicht *An den Mond*, Klopstocks Verse «Willkommen, o silberner Mond, schöner stiller Gefährte der Nacht» oder Tiecks Prolog zum Drama *Kaiser Oktavianus*: «Mondbeglänzte Zaubernacht, die den Sinn gefangen hält, wundervolle Märchenwelt, steig auf in der alten Pracht.» In diesem Sinne behält die gesamte Natur für uns einen Eigenwert, bleibt eine Besonderheit, selbst wenn sie an sich noch so gleichgültig sein sollte.

Ähnliches gilt für das Auftreten des Menschen in den unendlichen Weiten des Alls. Gerade die Erkenntnis menschlicher Flüchtigkeit, Unwahrscheinlichkeit und Winzigkeit ermöglicht die Erfahrung einer ganz eigenartigen Wertbesonderheit. Denn ist menschliches Leben auch nicht die herrschende Regel im All, das aus einem Feld unbeseelter, zielloser Kräfte besteht, so ist es doch die Ausnahme, deren Einzigartigkeit umso mehr hervorleuchtet, je breiter der Hintergrund ist, von dem es sich abhebt. Allerdings wird hierbei vorausgesetzt, daß das Unwahrscheinliche und Seltene auch das Kostbare ist. Ohne die Annahme zielgerichteter Naturkräfte oder einer höheren göttlichen Absicht wird es unter dieser Voraussetzung sogar denkbar, daß der Weg der kosmischen Entwicklung vom Weiten ins Enge und vom Häufigsten zum Seltensten verlief. Anders gesprochen, heben vor allem die Übergröße der Welt sowie die Unwahrscheinlichkeit des Lebens die Besonderheit des Menschen hervor.

Eine solche Auszeichnung kommt ebenfalls der Erde zu, obwohl diese ihre einst angenommene Mittelpunktstellung im All längst verloren hat. Im grenzen- und mittelosen Universum ist sie zwar ein Himmelskörper unter zahllosen anderen, dieser scheint aber nach dem gegenwärtigen Erkenntnisstand der einzige zu sein, auf dem menschliches Leben möglich ist. Je klarer also die ehemals Gottes Herrlichkeit kündenden Himmel als öde, trostlose Wüsten und brennende Heliumöfen erkannt wer-

Vollmond

den, um so deutlicher erscheint die Erde mit ihren unterschiedlichen Lebensformen als kosmische Besonderheit. So behält der blaue Planet für uns eine Sonderstellung, auch wenn er nur eine von unzähligen anderen, uns nicht bekannten Planeten sein mag, denn er ist möglicherweise der einzige Ort innerhalb des riesenhaften Universums, auf dem sich bewußtes Leben entwickeln konnte. Freilich sind alle Orte im Universum gleich, wie Albert Einstein betonte, dennoch bildet für uns die Stelle, an der sich die Erde befindet, eine Ausnahme, wie auch James Lovell, Kommandant von Apollo 13, meint: «Was wir auf der Erde haben, erkennen wir erst dann, wenn wir sie verlassen.» Diese Erkenntnis machte die moderne Astronautik vor mehr als drei Jahrzehnten sichtbar, indem sie den Menschen einen Blick auf die Erde aus dem Weltall bot. Hierbei verstärkte die Schönheit des Anblicks der auf- und untergehenden Erde am Himmel der öden Mondwüste das allgemeine Bewußtsein dafür, daß der blaue Planet unser Schicksal ist und bleibt.

Genaugenommen waren alle bisherigen Weltraumflüge eher enttäuschend als erhebend, da sie nur Bilder von trostlos öden Wüsten- und Kraterlandschaften, Photographien von einem lebensfeindlichen Reich der Langeweile boten. Auf dem Mond wächst nichts, dort gibt es kaum Wasser, keinen Wind, kein Leben. Außerdem haben die Apollo-Flüge auf den Mond zwischen 1969 und 1972 in anschaulicher Weise gezeigt, wie klein und nichtig der Mensch ist: Die Erde sah von dort aus, als gäbe es den Menschen darauf nicht. Dennoch war das wirklich Sensationelle der sechs erfolgreichen Mondflüge der Blick auf die Erde. Um es mit James Irwin, Mitglied der Besatzung von Apollo 15, zu sagen: «Die Raumfahrt hat uns wieder Achtung vor der Erde gelehrt. Wir begreifen, daß die Erde etwas Besonderes ist. Wir haben sie aus der Ferne gesehen, wir haben sie vom Mond aus gesehen. Wir haben erkannt, daß die Erde die einzige natürliche Heimat des Menschen ist, die wir kennen, und daß wir sie

besser schützen sollten.»[19] Aber auch das Gelingen des Mond-
flugs selbst war ein wichtiges Ereignis — das heißt die Überwindung der für menschliche Verhältnisse übergroßen Entfernung
zwischen Mond und Erde, neuerdings auch zwischen Erde und
Mars, mit Hilfe modernster Techniken.

So nichtig wie angenommen ist der Mensch offenbar nicht,
wenn er solches vermag. Obwohl nicht Krone der Schöpfung,
bleibt er schon allein aufgrund seiner Leistungsfähigkeit ein besonderes Wesen, das sich durch seine Stellung in der Welt nicht
vorschreiben lassen möchte, welche Bedeutung es für sich selbst
haben soll. Denn ist der Mensch auch nicht Mittelpunkt der
Welt, so kann und darf er doch Mittelpunkt der eigenen Interessen sein.

Man kann sogar sagen: Je klarer es wird, daß sich die stumme,
unermeßliche Welt nicht um den Menschen kümmert, desto
stärker sieht sich dieser zu Selbstbehauptung gezwungen. Wenn
ihn nämlich sonst nichts wichtig nimmt, muß er sich selbst wichtig nehmen, auch wenn er es an sich betrachtet gar nicht ist. Das
heißt: Wir Menschen sind kosmologisch gesehen zwar unerheblich und der unmenschlichen Rücksichtslosigkeit übermächtiger
Naturkräfte ausgeliefert, wir müssen aber uns und unser Dasein
ernst nehmen, um der unberechenbaren Welt wirkungsvoll begegnen und darin einigermaßen leben zu können. Naturwissenschaft und Technik, Wirtschaft, Recht und Kunst, ja die Kultur
insgesamt helfen uns dabei, mag es auch sonst vielerlei an ihnen
auszusetzen geben.

Nun besteht die Besonderheit des Menschen für sich aber nicht
nur darin, sich selbst zu bewahren und zu behaupten, sondern
auch ein erfülltes Leben führen und sich selbst erfahren zu können. Hierbei wagt er sich bisweilen an seine Grenzen heran. Er
besteigt die höchsten Berge, befährt die wildesten Ozeane, be-
kämpft die größten Wale und unternimmt die gefährlichsten Ex-
peditionen. Denn er möchte wissen, wozu er imstande ist, was

er nach Hans Blumenberg nur wissen kann, indem er das äußerste riskiert. Heute wird viel davon gesprochen, daß die Menschen nicht alles tun dürfen, was sie können, nur weil sie es könnten. Aber, so meint Blumenberg, sie werden — obwohl sie nicht alles machen müssen — es trotzdem tun, wenn nicht hier, dann dort, wenn nicht offen, dann heimlich. Denn die Menschen wissen nicht, wozu sie fähig sind, ehe sie nicht alles, was sie können, wenigstens einmal getan haben: «Gerade das ist es, was die Unruhe erzeugt und nicht zu verdrängen vermag, daß wir nur sehr ungenau wissen, was wir können, bevor wir es zustande gebracht haben. In all seiner Findigkeit ist der Mensch ein Wesen des Selbsterfahrungsbedarfs.»[20] Er muß tun, was er kann, weil er nicht weiß, was er kann. Dabei ist er bisweilen sogar bereit, äußerst gefährliche Risiken einzugehen.

Seine Sonderstellung im Reich der Natur verdankt der Mensch aber ebenso kulturellen Errungenschaften. Ohne Zweifel hat er seinen natürlichen Platz im phylogenetischen System der Organismen und ist genauso wie alle übrigen Lebewesen ein Produkt der Evolution, die mehr als nur Spuren hinterlassen hat in unserem Körperbau, Geist und Verhalten. Obwohl wir aber mit Schimpansen fast hundert Prozent unserer Gene teilen und alle geistigen Aktivitäten das Ergebnis von Nervenströmen sind, so kennzeichnet doch die Kultur — Wissenschaft, Kunst, Recht — eine besondere Stellung unserer Art in der Natur. Diese macht deutlich, daß die erfolgreiche «Hominisierung» des Menschen durch die Naturwissenschaften seine «Humanisierung» durch Bildung und Kultur keineswegs erübrigt.

Irritationen des ernsten Lebens

Trotz des zuvor Dargelegten ist alle menschliche Bedeutsamkeit aber letzten Endes nichts als maskierte Bedeutungslosigkeit: Denn mag die Welt auch für uns bedeutsam sein, für sich betrachtet ist sie ohne jeden Sinn; mag es die Menschheit auch auf der Erde geben, es stand doch nicht zu erwarten, daß sie je existieren würde, und ist auch nichts wichtiger als das eigene Leben, eigentlich ist man gar nicht wichtig. Das heißt, werden die Ergebnisse der heutigen Naturwissenschaften ernst genommen, so hat nicht nur der christlich-religiöse Mensch ihnen gegenüber einen schweren Stand; der nachdenkliche, nicht religiös-gebundene auch.

Im Grunde genommen führen sie nämlich jedem von uns zweierlei drastisch vor Augen: erstens, daß man nichtig, unerheblich, nicht wirklich wichtig ist; zweitens, daß man abhängig, ohnmächtig, nicht wirklich frei ist. Beides wird durch die modernen Naturwissenschaften immer deutlicher, weil sie den Menschen mit jeder neuen Entdeckung noch erbarmungsloser in den Naturzusammenhang einbinden. Das alles erscheint nicht nur jenen unerträglich, geradezu demütigend, kränkend, die religiös orientiert sind, sondern allen übrigen Menschen auch, sofern sie nicht gänzlich unempfindlich sind und sich eine gewisse Nachdenklichkeit im Leben bewahrt haben. Das ist auch heute noch so, obgleich man sich doch längst damit abgefunden hat, nicht Mitte der Welt, nicht Ziel und Absicht der ganzen Naturentwicklung zu sein. Hiernach müssen sich selbst diejenigen durch die modernen Naturwissenschaften provoziert fühlen, die es keineswegs stört, nur vergängliche Teile der Natur, Lebewesen unter anderen zu sein — und das aus einfachem Grund:

Wir Menschen sind, kosmologisch gesehen, nicht wichtig, wir müssen aber trotzdem uns und unser Leben wichtig, ernst nehmen, um überleben, ja, ruhig leben zu können. Neurowissenschaftlich und molekularbiologisch betrachtet, sind wir vermutlich noch abhängiger, als wir heute bereits zu ahnen wagen, also nahezu ohnmächtig, dennoch müssen wir unser Leben alleine führen, auf uns selbst zurückgeworfen und gestellt, ohne unsere Gene und Neuronen um Rat fragen, um Hilfe bitten zu können. Wie winzig wir Menschen demnach in den kosmischen Weiten auch immer erscheinen mögen, und wie stark unser Verhalten, Denken und Fühlen von Anlagen, unserem Willen entzogenen, anonymen Naturprozessen bestimmt sind, wobei über Grad und Ausmaß neuronaler und genetischer Determination hier nicht spekuliert sei — so oder so müssen wir uns im normalen Alltag um des schlichten Weiterlebens willen für bedeutsam halten, um uns selbst kümmern, mit vielen Fragen alleine fertig werden. Selbst wenn wir nur ein ohnmächtiges Stück Natur wären — eine Annahme, die vermutlich weit über das Ziel hinausschießt, wenn auch unsere Wahl- und Handlungsfreiheit zweifellos begrenzt ist — so hat uns der eigene Überlebenswille doch schon immer in die Pflicht genommen. Jeder Tag wirklich gelebten Lebens beweist dies immer wieder von neuem: Das Leben, nichtig und ohnmächtig wie es ist, stellt dauernd höchste Anforderungen an uns.

Gerade deshalb muß es auch für nicht-religiöse Ohren provozierend klingen, wenn gesagt wird, man sei in Wahrheit gar nicht so wichtig, sondern eher ohnmächtig und nichtig. Hier prallen zwei Grundtendenzen des Selbstbewußtseins frontal und unversöhnlich aufeinander, die voraussetzen, daß der Mensch sein Dasein sowohl von innen als auch von außen betrachten kann. Aus der Innenperspektive fühlt er sich als selbstbewußtes Subjekt, für das seine Existenz von ungeheurer Wichtigkeit ist, das sein Leben selbst bestimmt und seinen Lebenslauf ernst nimmt. Aus dem Weltall betrachtet ist er hingegen ein «object négligeable», ein kontingenter, flüchtiger Teil eines unermeßlichen Universums, in welchem nichts fehlte, wenn es ihn nicht gäbe, was sicherlich stimmt. Die Außenperspektive, besonders die Ergebnisse der modernen Naturwissenschaften, irritieren das aus der Innenperspektive mit großem Ernst gelebte Leben. Das von außen betrachtete Leben stellt für das von innen geführte eine bleibende Provokation dar — eine bleibende, weil sich die Außenperspektive der Innenperspektive grundsätzlich nicht einfügen läßt, die gegensätzlichen Sichtweisen nicht einmal in einer höheren Einheit vermittelbar sind. Dabei stellt die Außenperspektive für die Innenperspektive, das wirklich gelebte Leben, deshalb eine Provokation dar, weil jene den Ernst des Lebens, alle Sorgen, Nöte und Mühen, die täglichen Wichtigkeiten als vom Weltall gesehen völlig unwichtig in Frage stellt. Das kann zwar unter Umständen ganz heilsam sein, aber auch als beängstigend empfunden werden. In jedem Falle läßt der Zusammenstoß beider gegensätzlichen Perspektiven im Menschen ein Gefühl der Hilflosigkeit, ja, Absurdität entstehen, wie Thomas Nagel treffend bemerkt;[21] ein gemischtes Gefühl, das sich dann ergibt, wenn man im Bewußtsein, einerseits unerheblich zu sein, sich andererseits dennoch wichtig nimmt, für wichtig zu nehmen gezwungen ist und, ehrlich gesagt, sich auch gerne dafür hält.

Beide Standpunkte müssen miteinander in Konflikt geraten, können niemals befriedigend vereinigt werden; deren spannungsreicher Gegensatz gehört nun einmal zu unserem Leben. Eine überlegene Lösung ist nicht einmal vorstellbar. Wäre sie wünschbar? Ohne Zweifel gibt es Grenzen dessen, was Menschen an Widersprüchen verarbeiten können, und diese Grenze scheint hier auf den ersten Blick erreicht zu sein, in Wahrheit ist sie das aber nicht. Freilich wird sich im Pessimisten das Gefühl der Absurdität des Lebens in das tragische Bewußtsein der Vergeblichkeit all seiner Mühen und Anstrengungen verwandeln. Auf den Optimisten kann es aber auch erleichternd, sogar erheiternd wirken und damit etwas ganz anderes provozieren, nämlich mehr Mut und Freude, das Ernste und Offizielle nicht gar zu ernst, auf keinen Fall verbissen zu nehmen. Denn eines steht doch fest: Das Leben ist zwar eine ernste Angelegenheit, aber so ernst ist es für die meisten von uns glücklicherweise auch wieder nicht.

Altern ohne Schminke

Der römische Politiker und Philosoph Marcus Tullius Cicero schrieb im 1. Jahrhundert v. Chr.: «Wenn du einen Garten und eine Bibiliothek hast, wird es dir an nichts fehlen.» Das hört sich schön an, aber wie viele verfügen über genug Geist und Geld, um solch musevolles Leben führen zu können? Für die meisten ist das Dasein, das jeden Tag aufs neue höchste Ansprüche an sie stellt, doch eher mühsam und sorgenvoll.

Deshalb fällt es manchmal schwer, in die eigene Existenz einzuwilligen. Beunruhigung über die Kürze des Daseins, Bestürzung über die eigene Entbehrlichkeit im Ganzen, Bekümmerung über die Beschwernisse des Alltags und Ratlosigkeit vor allem bei harten Schicksalsschlägen setzen uns Fragen aus, auf die es vermutlich keine überzeugenden Antworten gibt. Hinzu kommt, was Max Weber «die ethische Irrationalität der Welt»[22] nennt, die Tatsache, daß wir in einer «Welt des unverdienten Leidens, des ungestraften Unrechts und der unverbesserlichen Dummheit» leben. Das sind Erfahrungen, die nicht spurlos an einem vorübergehen; Übel, von denen einem übel wird. Sich hiermit auszusöhnen, fällt einem religiös eingestellten Menschen ebenso schwer wie dem Nicht-Gläubigen.

Dazu gesellt sich für viele noch das Altern.[23] Denn Altwerden möchte jeder, alt sein aber niemand, obwohl Altern noch immer der einzige Weg zum langen Leben ist, wie der französische Opernkomponist Daniel Francois Auber im 19. Jahrhundert treffend feststellte. Allerdings ist Altern keine spezielle Eigenschaft von bloß alten Leuten. Menschen beginnen zu altern, sobald sie auf die Welt kommen, und das gleiche gilt für das Wissen, die Mode, das Computerprogramm oder den Geschmack.

Doch wann ist man eigentlich alt? Mit 40, 60, 80 oder 90 Jahren? Es ist gerade mal zwei Jahrhunderte her, daß Menschen über vierzig schon als greisenhaft angesehen wurden; das Durchschnittsalter lag damals kaum darüber. Heute werden die Menschen im Durchschnitt fast doppelt so alt. Aber was bedeutet die Verdoppelung der Zahl unserer Lebensjahre bei gleichzeitigem Verlust des religiösen Glaubens an die eigene Unsterblichkeit? Geistig alt ist, wer sich Neuem nicht mehr zu öffnen vermag, an Altem hängt, mehr Freude an Erinnerungen hat als an der Gegenwart, für die Zukunft nichts mehr erwartet.

Sonst und noch deutlicher zeigt sich das Altern insbesondere am Verfall des Körpers — etwa der Zähne, wenn die Symbiose zwischen Mundbakterien und Zahnschmelz nicht mehr funktioniert, am Welken der Haut, der Runzeln am Hals, den Falten um den Mund und auf der Stirn. Hierzu kommt es, wenn der Körper nicht mehr genügend Collagen produziert und in der richtigen Weise synthetisiert. Im Alter sterben Nerven- und Muskelzellen ab, das Skelett wird brüchiger, die Haare werden pigmentärmer, die Leistungsfähigkeit von Herz und Hirn läßt nach. Alles wird jetzt langsamer — die Bewegung des Körpers ebenso wie des Geistes, wenn dessen Einfallskraft nachläßt und seine Talente ermüden. Auch das Tropfen der Blase ist ein untrügliches Zeichen des Alters, wie Gottfried Benn anschaulich vermerkt, und das bevorstehende Vergessen jedes Verstorbenen von seiner Nachwelt beginnt häufig schon zu Lebzeiten im Betroffenen selbst, wenn das Gedächtnis das einst Erlebte mehr und mehr verliert. Daß man älter geworden ist — und wohl manchmal eine falsche Lebensweise wählte — verdeutlichen hierzulande aufs unmißverständlichste Krankheiten wie Hörsturz und Herzinfarkt. Das Alter scheint eine Herberge zu sein, die jedem Gebrechen großzügig Unterschlupf gewährt.

Doch was wird alles unternommen, um jünger zu erscheinen? Kosmetische Chirurgie, gesunde Ernährung, Fitneßtraining, Kunsttherapie! Sie sind die Jungbrunnen unserer Zeit, welche den körperlichen Zerfall — wenn schon nicht aufhalten — so doch hinter Kulissen verlegen. Dabei gäbe es, wie die Werbung meint, viel einfachere Mittel, um jünger zu erscheinen: Wer in die Jahre komme, brauche bloß früh ins Altenheim zu gehen, denn je früher man darin eintrete, umso länger gehöre man dort wenigstens noch zu den Jüngeren.

Aber die Vergänglichkeit bleibt unbesiegbar: «Blühen ist ein tödliches Geschäft», wie Helmut Heißenbüttel betont, weil das Welken auf dem Fuße folgt, das sich nur teilweise hinter kosmetischen Masken verbergen läßt. Daß vom Standpunkt der Jugend aus das Leben als unendlich lange Zukunft erscheint, vom Standpunkt des Alters hingegen als kurze Vergangenheit, hierfür gibt es viele Erklärungen, auch neurologische: Mit der sinkenden Dopamin-Produktion im alternden Körper verlangsame sich nämlich unter anderem der Gang der inneren Uhr, weshalb das äußere Leben schneller abzulaufen scheine.

Sicherlich kann man das Älterwerden auch positiv bewerten — nicht nur in dem Sinne, daß, je älter man wird, man «es» umso eher hinter sich hat, wie Arthur Schopenhauer meinte, dem zufolge die viel beklagte Kürze des Lebens — ein Geschäft, das seine Kosten nicht decke — immer noch das Beste daran sei. Zweifellos gibt es auch freundlichere Arten, über das Älterwerden zu reden — schrecklichere aber auch.

Daß man im Alter lernt, sich selbst besser zu ertragen, trifft nicht generell zu, manchmal ist sogar das blanke Gegenteil der Fall; dennoch hat Seneca recht, wenn er meint: Mit sich selbst versöhnt alt werden könne nur, wer gelernt habe, sich mit sich anzufreunden; bloß der könne die Brüche und Wandlungen, Versuche und Irrtümer seines Daseins, die ihm im Laufe seines Lebens zugemuteten Zwangslagen aushalten. Unreife Jugendlichkeit kennzeichnet das rücksichtslose Verlangen, das die Worte ausdrücken: «Ich will alles, und zwar sofort.» Reifes Alter zeigt sich dagegen an Augenmaß und der Fähigkeit, mit Würde zu entbehren, was nicht mehr zu erreichen ist, zu ertragen, was sich einfach nicht ändern läßt, und loszulassen, was man nicht halten kann. Aber dies alles fällt jedem, auch älteren Menschen, schwer.

Ohne hier auf das Problem der Überalterung unserer Gesellschaft, auf Altenheime, Pflegestationen und Sterbekliniken näher einzugehen, darf man mit Martin Buber sagen: «Älterwerden ist eine herrliche Sache, wenn man nicht verlernt hat, was Anfangen heißt.» Jedoch muß man hinzufügen: Älterwerden ist eine herrliche Sache, wenn man auch gelernt hat, was Aufhören heißt.

Heute werden die Menschen immer älter, ihr Lebensstil verjüngt sich aber oft. Wie die Jüngeren legen auch viele Ältere großen Wert auf ihr Äußeres und unternehmen noch viele Reisen. Statt ihre Himmelfahrt vorzubereiten — die Fahrt mit dem Leichenwagen auf den Friedhof — bereiten sie ihre nächste Dampferfahrt in ferne Länder und andere Kontinente vor. Recht haben sie! Nur geschieht das selbst bei älteren Menschen immer häufiger in atemloser Hast und Eile. Offenbar gehört es zum guten Ton, stets etwas zu tun zu haben, als ob man sich dafür schäme, über freie Zeit zu verfügen. Nichts scheinen ältere Menschen lieber zu haben als keine Zeit. Dabei wäre den meisten mehr Mut zur Muse zu wünschen, die nicht den Zwängen der Not, den Geboten der Pflicht und der Gier nach Gewinn zu gehorchen braucht, sondern sich dem Spiel freier Nachdenklichkeit hingeben darf. Solche Muse gehört immer noch zu den wirksamsten Mitteln gegen oberflächliche Betriebsamkeit, wie man sie heute vielerorts antrifft.

Der Dichter George Bernhard Shaw schrieb einmal: «Alte Männer sind gefährlich, ihnen ist die Zukunft völlig egal.» Selbst wenn dies stimmen sollte, hätte er das auch ein wenig netter formulieren können, etwa so: Wer alt ist, kann vieles gelassener sehen; nichts braucht sie oder ihn mehr aufzuregen; im Gegenteil, empfiehlt es sich gerade jetzt, hin und wieder die Hände in die Hosentaschen zu stecken, den sogenannten Lebensabend zu genießen, sofern und solange man es kann. In diesem Sinne wäre auch vielen Jüngeren zu raten, sich zumindest ab und zu mal uralt vorzukommen.

Es mag richtig sein, daß man nur so alt ist, wie man sich fühlt; auseinandersetzen mit dem Alter muß man sich aber dennoch — bereits jeden Morgen, wenn man vor den Spiegel tritt: Da wird dem einzelnen in bestimmten Lebensphasen einiges von der Natur zugemutet, ein hohes Maß an Tapferkeit abverlangt, was die amerikanische Filmschauspielerin Mae West auf die treffenden Worte brachte: «Altwerden ist nichts für Feiglinge.» Doch den Mut dazu aufbringen kann nur, wer entschlossen den Herausforderungen seines Lebens begegnet, wer gelernt hat, in das Unvermeidliche einzuwilligen, und der, wenn die großen Schicksalsschläge kommen, noch über genug Kraft verfügt, sich ihnen bei aller Beschwernis und Sorge trotzdem mit der nötigen Geduld und Heiterkeit zu stellen.

Kunstgriffe der Not

Der nicht-gläubige Mensch wird in leidvollen Widerfahrnissen, die wir als hart und bitter empfinden, keinen höheren Sinn erkennen; aus diesem Grund fällt es ihm schwer, darin einzuwilligen. Der gläubige Mensch lebt dagegen in der Zuversicht, daß es einen letzten Sinn gibt, der heute zwar verborgen ist, sich aber eines Tages offenbaren wird. Wer so denkt, geht — wie zögerlich auch immer — davon aus, daß das für uns Sinnlose an sich sinnvoll ist. Näher betrachtet erweist sich aber selbst dieser tröstlich gemeinte Gedanke immer noch als äußerst grausam, weil durch ihn Leid und Unrecht gerechtfertigt werden. Genaugenommen besagt er doch, daß etwas dem Schicksal das Recht gibt, einen so zu behandeln. Ebenso unerträglich ist allerdings die entgegengesetzte Vorstellung, daß das für uns Sinnlose auch an sich sinnlos ist. Max Horkheimer beschrieb dies mit den Worten: «Was den Menschen, die untergegangen sind, geschehen ist, heilt keine Zukunft. Sie werden niemals aufgerufen, um in der Ewigkeit beglückt zu werden»[24], auch wenn «der Gedanke, daß die Gebete der Verfolgten in höchster Not, daß die der Unschuldigen, die ohne Aufklärung ihrer Sache sterben müssen, daß die letzten Hoffnungen auf eine übermenschliche Instanz kein Ziel erreichen [...], ungeheuerlich» klingen mag.

Wie man es dreht und wendet, die Aufassung, daß das für uns Sinnlose auch an sich sinnlos ist, ist genauso unzumutbar wie die Vorstellung, es könnte einen letzten Sinn haben. Deshalb stehen Gläubige und Nicht-Gläubige oft gemeinsam hilflos vor der Frage, wie sich damit leben läßt, nachdem sie sich auf die eine oder andere Weise über die rätselhafte Existenz der Welt beruhigt haben.

Auf diese Frage wissen nicht nur Staat und Gesellschaft, sondern auch die funktionalen Dienstleistungsbetriebe für Sinn — die Kirchen — häufig keine schlüssige Antwort. Es ist ein Irrtum anzunehmen, daß letztere in den Marktnischen menschlicher Sinnkrisen und gesellschaftlicher Sinnleere weiter gedeihen könnten. Der Säkularisierungsschub der letzten Jahrzehnte verursachte hierzulande einen drastischen Glaubensschwund und führte zur Kirchenferne insbesondere der jüngeren Generation. Deren Zahl, Engagement und öffentliche Präsenz in den Kirchen, für die eine erhebliche Überalterung charakteristisch ist, nimmt ständig ab. Immer mehr junge Menschen wachsen mittlerweile ohne jede Berührung mit religiösen Traditionen und Gewohnheiten, ja ohne ein — sei es auch nur bescheidenes — theologisches Grundwissen heran. Die neue Jugendkultur bringt zwar gregorianische Mönchsgesänge in die Charts, Techno-Musik in die Gotteshäuser und Heiligenbilder an die Kneipen-wand, eine intensive Auseinandersetzung mit Glauben und Re-ligion findet aber nur noch selten statt. Diese religiösen Symbole gefallen Jugendlichen einfach nur, und erlaubt ist, was eben ge-fällt. Alles erscheint gleich wichtig, wenn es denn Spaß macht. Dabei läßt eine Welt mit immer schneller wechselnden Trends, zahlreichen Szenen, Subkulturen und tausendfachen Angeboten kaum mehr Zeit, sich mit etwas eingehender zu befassen, wenn man wie so viele nichts verpassen möchte. Daraus folgt eine zu-nehmende Oberflächlichkeit, begleitet von abnehmender Aus-dauer, nachlassender Disziplin sowie mangelhafter Konzentra-tion und damit einhergehend eine wachsende Unfähigkeit, mit schwierigen Existenzlagen fertig zu werden, in die fast jeder im Leben hin und wieder gerät.

Allgemein muß an sinnwidrigen Widerfahrnissen unterschie-den werden zwischen einem eher passiven «rein hinnehmenden Moment des Tragen-Müssens» und der «Aktivität des damit-fer-tig-Werdens»[25]. Letzteres setzt eine Kraft voraus, welche den ein-zelnen befähigt, die als schwer empfundenen Schicksalsschläge bereitwillig aufzunehmen; das ist die Kunst der Resignation: Die eigenen Sinnerwartungen an Leben und Welt anzupassen, zu mäßigen, die Unerfüllbarkeit mancher seiner Lebenswünsche zu akzeptieren, um über das Ausbleiben der großen Sinnerfahrun-gen nicht allzu enttäuscht zu sein, wozu das Sichfügen ins unab-änderlich Scheinende ebenfalls gehört — als die Fähigkeit, unver-fügbare Welttatsachen und Lebensumstände geduldig zu ertragen. Ohne diese seit der griechischen Antike immer wieder aufs neue gerühmte Kunst des Abschiednehmenkönnens und der Einwilligung in das, was sich nicht ändern läßt, bleibt eine Versöhnung mit dem eigenen Leben völlig undenkbar, ob man nun religiös empfindet oder nicht. Allerdings ist diese milde Re-signation eines mit sich selbst versöhnten Daseins in gelassener

Anerkennung, Trauer und Ergebung nur eine von vielen möglichen Grundhaltungen; weitere sind Verdrängung, Verharmlo-
sung, Verzagen oder heroischer Trotz.

Niemandem steht zu, irgendwem vorzuschreiben, wie er seine
Notlagen durchstehen und verarbeiten soll; das ist nicht zuletzt
eine Frage der lebensweltlichen Umgebung, der eigenen Lebens-
geschichte und des jeweiligen Menschentyps. Trotzdem gibt es
vermutlich außer der erwähnten Kunst der Resignation, der freiwilligen Sinnbescheidung und Unterwerfung unter das Unver-
fügbare, keinen Weg zur Selbstversöhnung; Verdrängen und Verzagen jedenfalls sind Formen des inneren Zerwürfnisses mit sich
und der Welt. Allerdings existiert keine Logik, von der wir die
Kunst der Resignation lernen könnten. Religiosität ist keine Ga-
rantie dafür, mit dem Leben fertig zu werden; ebensowenig wie
Nicht-Religiosität einen Beweis dafür darstellt, daß man am
Leben scheitern muß. So oder so gesehen ist, mit Sigmund Freud
gesprochen, das «Leben, wie es uns auferlegt [wurde], zu schwer
für uns, bringt uns zuviel Schmerzen, Enttäuschungen, unlös-
bare Aufgaben.»[26] Wir Menschen mögen an die Natur angepaßt
sein — an die Probleme, vor die das Leben uns stellt, sind wir es
häufig nicht. Darum liegt trotz biologischer Anpassung die Vermutung nahe, daß der Homo sapiens ein Irrläufer der Evolution
ist. Dementsprechend drängt sich jetzt die bange Frage auf:
Könnte der Mensch nicht doch ein Irrtum der Natur sein, den
erst der Tod wieder korrigiert?[27]

Tatsächlich gibt es Grenzen der Möglichkeit, bewußt in sein
Dasein einzuwilligen. In der Menschheitsgeschichte läßt sich ein
Ausmaß an Leid antreffen, das sich geradezu jeder Selbstversöhnung verweigert, man denke nur an die Angst- und Schreckens-
schreie von Millionen Menschen, die auf unmenschliche Weise
in Krieg und Frieden getötet wurden und werden; niemand kann
seiner Folter, dem bevorstehenden Hungertod oder ungerechter
Bestrafung zustimmen, und wer vermag sich schon mit seiner

tödlichen Krankheit wirklich auszusöhnen? In solchen Lebenslagen bedürfen wir weniger philosophischer Klarstellungen als vielmehr menschlicher Hilfestellungen, welche die großen Lebensnöte zwar oftmals auch nicht beseitigen, aber doch zu deren Linderung beitragen können.

Aufs große Ganze gesehen ergibt sich somit folgendes Bild: Menschliches Dasein, wie es leibt und lebt, ist vornehmlich Mängelbewirtschaftung, auf die sich wohl derjenige noch am besten versteht, der, um seine Not wissend, sich im Leben trotzdem eine nachdenkliche Heiterkeit bewahrt. Denn obwohl es manchmal schwer fällt, tut man gut daran, ernste Dinge und sogar sich selbst nicht allzu ernst zu nehmen. Zugegeben, das Leben ist häufig nicht zum Lachen, aber im Grunde ist doch nichts lächerlicher als das Leben. Auch wenn verschiedene Ansichten darüber bestehen, welche Existenzformen am meisten erstrebenswert sind, ja, was ein schönes, erfülltes, freudvolles Dasein überhaupt ausmacht, uns ein solches als gelungen, angenehm, sogar sittlich lobenswert erscheinen läßt, bleiben Zufriedenheit und Glück dennoch möglich: Ohne Sinn — und trotzdem glücklich! Das ist kein logischer Widerspruch, nein, es ist die wahre Kunst der Resignation.

ANMERKUNGEN

Wird aus einer Quelle mehrfach nacheinander zitiert, so wird sie nur beim ersten Mal genannt. Alle folgenden Stellennachweise werden dahinter aufgeführt.

LAST DES LACHENS

1 Wilhelm Busch, Was beliebt ist, ist auch erlaubt, Gütersloh o. J., S. 592.
2 Platon, Theaitetos, Sämtliche Werke 4, Hamburg 1988, 174 AB.
3 Vgl. H. Blumenberg, Das Lachen der Thrakerin, Frankfurt/M. 1987.
4 Aristoteles, Rhetorik, München 1989, 1419 b 2 ff.
5 F. Nietzsche, KSA Bd. 4, München/Berlin/New York 1980, 392.
6 F. Nietzsche, KSA Bd. 10, 584.
7 H. Bergson, Das Lachen, Darmstadt 1988, 91.
8 J. Ritter, Subjektivität, Frankfurt/M. 1974. 91.
9 Vgl. zum Thema Witz etwa S. Freud, Studienausgabe Bd. 2, Der Witz und seine Beziehung zum Unbewußten, Frankfurt/M. 1982; M. Grotjahn, Vom Sinn des Lachens. Psychoanalytische Betrachtungen über den Witz, das Komische und den Humor, München 1974.
10 O. Marquard, Aesthetica und Anaesthetica, Paderborn 1989, 54.
11 F. Nietzsche, KSA Bd. 4, München/Berlin/New York 1980, 365.
12 Vgl. hierzu auch M. M. Bachtin, Literatur und Karneval, Frankfurt/M. 1990.
13 U. Eco, Der Name der Rose, München 1986, 605, 603, 606.
14 Platon, Politeia, Sämtliche Werke 3, Hamburg 1984, III 3, 388 E.
15 Vgl. R. Hippen, Es liegt in der Luft. Kabarett im Dritten Reich, Zürich 1988, 125.
16 M. Montaigne, Essais, Zürich 1953, 251; vgl. B. Pascal, Gedanken, Heidelberg 1978, fr. 112.
17 Vgl. hierzu Victor Leutner, Schlaf, Schlafstörungen, Schlafmittel, Stuttgart 1993, S. 187–197.

18 Hiob 8,4.

19 I. Kant, Kritik der Urteilskraft, Hamburg 1974, 228.

20 E. A. F. Klingemann, Die Nachtwachen des Bonaventura, Nachtwachen, Stuttgart 1964, 125.

21 F. Nietzsche, KSA Bd. 1, München/Berlin/New York 1980, 22.

22 F. Nietzsche, KSA Bd. 4, 49.

23 Vgl. H. Plessner, Lachen und Weinen, Frankfurt/M. 1970.

BRINGT WISSEN GLÜCK?

1 Vgl. F. Nietzsche, KSA Bd. 3, München/Berlin/New York 1980.

2 Der Begriff «traurige Wissenschaft» wird in der Literatur verschiedentlich gebraucht, so etwa von J.-J. Rousseau, Schriften Bd. 2,
659 oder Th. W. Adorno, Minima Moralia, Frankfurt/M. 1980, 7.

3 Vgl. W. Kranz, Kosmos, Archiv für Begriffsgeschichte Bd. 2, Bonn
1958; W. Jaeger, Die Theologie der frühen griechischen Denker,
Stuttgart 1964; W. Schadewaldt, Die Anfänge der Philosophie bei den
Griechen, Frankfurt/M. 1978; H. Blumenberg, Die Genesis der
kopernikanischen Welt, Frankfurt/M. 1981; K. Löwith, Gesammelte
Abhandlungen, Stuttgart 1969.

4 Aristoteles, Einführungsschriften, München 1982, 121.

5 Aristoteles, Nikomachische Ethik, München 1975, Buch X 1177 a 2.

6 Aristoteles, Eudemische Ethik, Berlin 1984, Buch 1,5.

7 Vgl. P. Engelhardt (Hrsg.), Glück und geglücktes Leben, Mainz 1985.

8 C. F. Laktanz, in: A. Warkotsch, Antike Philosophie im Urteil der
Kirchenväter, München/Paderborn/Wien 1973, 309.

9 Sancti Thomae Aquinatis in Aristotelis Librum de Anima commen-
tarium, Turin 1925, I. lectio 1,3.

10 Thomas von Aquin, Summe gegen die Heiden, Darmstadt 1987,
Buch 1,2.

11 Thomas von Aquin, Summe der Theologie, Stuttgart 1985, 2. Band,
3. Untersuchung, 6. Artikel.

12 Thomas von Aquin, Summe gegen die Heiden, Darmstadt 1987,
Buch 3,37; Summe der Theologie, Stuttgart 1985, 2. Band, 3. Untersuchung, 8. Artikel.

13 Vgl. Sextus Empiricus, Grundriß der Pyrrhonischen Skepsis, Frank-
furt/M. 1968.

14 Kohelet 1.18.

15 G. Bruno, Von den heroischen Leidenschaften, Hamburg 1989, 40.

16 M. de Montaigne, Essais, Zürich 1953, 444.

17 A. Schopenhauer, Die Welt als Wille und Vorstellung, Darmstadt 1986, 426.

18 Vgl. A. Augustinus, Bekenntnisse. 10. Buch, München 1980; ders., Philosophische Frühdialoge. Über das Glück, München/Zürich 1972.

19 A. Augustinus, Selbstgespräche, München/Zürich 1986, 7.1.

20 A. Augustinus, Theologische Frühschriften. Von der wahren Religion, München/Zürich 1962, 487.

21 Vgl. H. Blumenberg, Die Legitimität der Neuzeit, Frankfurt/M. 1988, 358ff.

22 Ambrosius, Ausgewählte Schriften. Bibliothek der Kirchenväter, Bd. 3, 69.

23 Tertullian in A. Warkotsch, Antike Philosophie im Urteil der Kirchenväter, München/Paderborn/Wien 1973, 92.

24 S. Kierkegaard, Philosophische Brosamen und Unwissenschaftliche Nachschrift, München 1976, 209, 398, 517.

25 S. Kierkegaard, Der Einzelne, Frankfurt/M. 1990, 32f.

26 J.-J. Rousseau, Abhandlung über die von der Akademie zu Dijon gestellte Frage, ob die Wiederherstellung der Wissenschaften und Künste zur Läuterung der Sitten beigetragen habe, in: ders., Sozialphilosophische und politische Schriften, München 1981, 20f, 33f.

27 M. de Montaigne, Essais, Zürich 1953, 444, 730.

28 L. Bruni Aretino, Humanistisch-philosophische Schriften, Leipzig/Berlin 1928, 21.

29 Epiktet, Fragmente, Mainz 1938, fr. 175.

30 Diogenes Laertius, Leben und Meinungen berühmter Philosophen, Hamburg 1967.

31 Platon, Phaidros, Sämtliche Werke 4, Hamburg 1988, 230d, vgl. auch Phaidon 96 a – 97 b.

32 F. Bacon, Neues Organon, Hamburg 1990, 65.

33 H. Jonas, Das Prinzip Verantwortung, Frankfurt/M. 1981, 251, 253.

34 Vgl. H. Krings, Ordo, Hamburg 1982.

35 N. Copernicus, Das neue Weltbild, Hamburg 1990, 73, 139, 83, 137, 81.

188

36   J. Kepler, Das Weltgeheimnis, in: W. Heisenberg, Das Naturbild der heutigen Physik. Historische Quellen, Hamburg 1962, 50, 53.

37   E. Cassirer, Versuch über den Menschen, Frankfurt/M. 1990, 35.

38   Vgl. A. Koyré, Von der geschlossenen Welt zum unendlichen Universum, Frankfurt/M. 1980.

39   Vgl. A. O. Lovejoy, Die große Kette der Wesen, Frankfurt/M. 1985.

40   Vgl. H. Blumenberg, Die Genesis der kopernikanischen Welt, Frankfurt/M. 1981.

41   Vgl. Franz Josef Wetz, Lebenswelt und Weltall, Stuttgart 1994.

42   H. Blumenberg, Legitimität der Neuzeit, Frankfurt/M. 1988, 471 f.

43   Novalis, Die Christenheit oder Europa, in: ders., Werke und Briefe, Gütersloh 1976, 390 f, 398, 406 ff.

44   J. Paul, Rede des toten Christus vom Weltgebäude herab, daß kein Gott sei, in: ders., Werke Bd. 1, Gütersloh 1976, 641 ff.

45   E. A. F. Klingemann, Nachtwachen des Bonaventura, Stuttgart 1964, 142.

46   S. Weinberg, Die ersten drei Minuten, München/Zürich 1977, 212.

47   F. Nietzsche, KSA Bd. 3, München/Berlin/New York 1980, 321.

48   KSA Bd. 3, 580.

49   KSA Bd. 1, 755 f., 876.

50   Ebd.

51   KSA Bd. 3, 54.

52   KSA Bd. 4, 39.

53   KSA Bd. 2, 549.

54   KSA Bd. 6, 96.

55   KSA Bd. 5, 404

56   KSA Bd. 3, 481.

57   M. Weber, Gesammelte Aufsätze zur Wissenschaftslehre, Tübingen 1988, 594, 593, 597 ff., 610, 180, 598.

58   H. Blumenberg, Die Genesis der kopernikanischen Welt, Frankfurt/M. 1981, 710.

59   S. Freud, Bd. 1 Vorlesungen zur Einführung in die Psychoanalyse, Frankfurt/M. 1989, 284.

60   D. Hume, Vom schwachen Trost der Philosophie, Göttingen 1990, 13.

61   R. Carnap, Psychologie in physikalischer Sprache, in: Erkenntnis 3 (1932/33), 109 f.

62   G. Vollmer, Die vierte bis siebte Kränkung des Menschen – Gehirn,

Evolution und Menschenbild, in: H. Grabes (Hg.), Wissenschaft und neues Weltbild, Gießen 1992, 91, 100 ff.

63 W. Burkamp, Wirklichkeit und Sinn, Berlin 1938, 19.

64 H. Blumenberg, Die Sorge geht über den Fluß, Frankfurt/M. 1987, 153.

65 H. Blumenberg, Lebenszeit und Weltzeit, Frankfurt/M. 1986, 79, 67, 76.

66 F. Nietzsche, KSA Bd. 3, 320.

67 P. T. d.'Holbach, System der Natur, Frankfurt/M. 1978, 218.

68 F. Nietzsche, KSA Bd. 3, 54.

VERGEBLICHKEIT DER WELT

1   B. Pascal, Pensées. Gedanken, Werke 1, Heidelberg 1978, fr. 206.

2   a. a. O., fr. 194, vgl. auch fr. 72, 205, 693.

3   G. Galilei, Siderius Nuncius. Nachricht von neuen Sternen, Frankfurt/M. 1980, 218, 216.

4   Aristoteles, Vom Himmel, München 1983, 296 b.

5   Aristoteles, Die Nikomachische Ethik, München 1975, 1141 a.

6   Aristoteles, Politik, Hamburg 1990, 1256 b.

7   Platon, Nomoi, Hamburg 1986, 903 c; ders., Timaios, Hamburg 1987, 90.

8   M. T. Cicero, Vom Wesen der Götter, München/Zürich 1990, 2.98, 2.133.

9   F. Petrarca, Heilmittel gegen Glück und Unglück, München 1988, 199, 195.

10 G. Manetti, Über die Würde und Erhabenheit des Menschen, Hamburg 1980, 47.

11 M. Ficino, Op. 121, übersetzt P. O. Kristeller in: ders., Die Philosophie des Marsilio Ficino, Frankfurt/M. 1972, 103.

12 M. Ficino, Op. 297, übersetzt P. O. Kristeller a. a. O., 102.

13 G. Pico della Mirandola, Über die Würde des Menschen, Hamburg 1990, 3ff.

14 N. Copernicus, Das neue Weltbild, Hamburg 1990, 5, 85.

15 J. Kepler, Das Weltgeheimnis, in W. Heisenberg, Das Naturbild der heutigen Physik. Historische Quellen, Hamburg 1962, 55f.

16 Lactantius, Nat. deor. II 140, in: M. T. Cicero, Vom Wesen der Götter, München/Zürich 1990, 523.

17 Origenes, in: A. Warkotsch (Hrsg.), Antike Philosophie im Urteil der Kirchenväter, München/Paderborn/Wien 1973, 268.

18 N. Copernicus, Das neue Weltbild, Hamburg 1990, 73.

19 J. Kepler, Das Weltgeheimnis, in: W. Heisenberg, Das Naturbild der heutigen Physik. Historische Quellen, Hamburg 1962, 49.

20 Vgl. H. Blumenberg, Kopernikus im Selbstverständnis der Neuzeit, Mainz 1965.

21 I. Kant, Kritik der Urteilskraft, Hamburg 1974, 410.

22 F. Bacon, De Sapientia Veterum, (engl. Fassung), Stuttgart-Bad Cannstadt 1963, Bd. 6, 747, übersetzt vom Verfasser.

23 H. Blumenberg, Die Genesis der kopernikanischen Welt, Frankfurt/M. 1981, 784 f.

24 Vgl. Carl Sagan, Unser Kosmos. Eine Reise durch das Weltall, München 1996; Christian de Duve, Aus Staub geboren – Leben als kosmische Zwangsläufigkeit, Heidelberg 1995.

25 Vgl. A. O. Lovejoy, Die große Kette der Wesen, Frankfurt/M. 1985; H. Blumenberg, Die Genesis der kopernikanischen Welt, Frankfurt/M. 1981.

26 R. Burton, Die Anatomie der Melancholie, Mainz 1988, S. 214.

27 G. W. Leibniz, Plädoyer für Gottes Gottheit, Berlin 1947, S. 45.

28 J. W. von Goethe, Materialien zur Geschichte der Farbenlehre, in: Werke Bd. 14, München 1998, 184.

29 E. Troeltsch, Der Historismus und seine Probleme, Aalen 1961, S. 87.

30 L. Feuerbach, Gedanken über Tod und Unsterblichkeit. Werke 1, Frankfurt/M. 1975, 144.

31 Aristoteles, Politik, Hamburg 1990, 1253 a.

32 M. Ficino, Op. 916, in: P. O. Kristeller, Die Philosophie des Marsilio Ficino, Frankfurt/M. 1972, 53.

33 G. Galilei, Siderius Nuncius. Nachricht von neuen Sternen, Frankfurt/M. 1980, 216, 218.

34 Celsus, in A. Warkotsch (Hrsg.), Antike Philosophie im Urteil der Kirchenväter, München/Paderborn/Wien 1973, 268.

35 I. Kant, Allgemeine Naturgeschichte und Theorie des Himmels, Werke 1, Berlin 1968, 353 f.

36 R. Descartes, Die Prinzipien der Philosophie, Hamburg 1965, 64 f.

37 R. Descartes, Von der Methode, Hamburg 1960, 35.

38 R. Descartes, Die Prinzipien der Philosophie, Hamburg 1965, 79, 10.

39 M. Montaigne, Essais, Zürich 1953, 432f, 435, 430, .

40 A. Pope, Vom Menschen, Hamburg 1993, 27, 196.

41 F. M. Voltaire, Sämtliche Romane und Erzählungen, München 1969, 142, 135, 146.

42 P. T. d'Holbach, System der Natur, Frankfurt/M. 1978, 32, 80, 75 f.

43 F. Nietzsche, KSA Bd. 6, München/Berlin/New York 1980, 180.

44 KSA Bd. 3, 54.

45 KSA Bd. 1, 755 f., 876.

46 KSA Bd. 5, 404.

47 J. Monod, Zufall und Notwendigkeit, München 1983, 211.

48 B. Russell, Was der freie Mensch verehrt, in: N. Hoerster (Hrsg.), Religionskritik, Stuttgart 1984, 143.

49 L. Feuerbach, Gedanken über Tod und Unsterblichkeit, Werke 1, Frankfurt/M. 1975, 144 ff.

50 F. W. J. Schelling, Ausgewählte Schriften, Bd. 5, Frankfurt/M. 1985, 609.

51 F. Nietzsche, KSA, Bd. 12, 366, 126, 110, 212.

52 F. Nietzsche, KSA, Bd. 3, 481.

53 J.-P. Sartre, Der Ekel, Hamburg 1978, 142, 139, 120, 136.

54 L. Feuerbach, Gedanken über Tod und Unsterblichkeit, Werke 1, Frankfurt/M. 1975, 150.

55 L. Feuerbach, Das Wesen des Christentums, Stuttgart 1964, 181, 494.

56 Platon, Der Staat, München/Zürich 1991, VIII, 15.

57 F. Nietzsche, KSA, Bd. 12, 212.

58 Vgl. etwa auch E. Topitsch, Vom Ursprung und Ende der Metaphysik, Wien 1958; H. Blumenberg, Lebenszeit und Weltzeit, Frankfurt/M. 1986; W. Schulz, Subjektivität im nachmetaphysischen Zeitalter, Pfullingen 1992; A. Wilde, Horizons of assent, Baltimore 1981; J. Habermas, Nachmetaphysisches Denken, Frankfurt/M. 1988; T. Nagel, Der Blick von nirgendwo, Frankfurt/M. 1992.

59 R. Rorty, Kontingenz, Ironie und Solidarität, Frankfurt/M. 1989, 12, 15.

60 R. Rorty, Solidarität oder Objektivität, Stuttgart 1988, 39

61 Vgl. etwa E. Lévinas, Totalität und Unendlichkeit, Freiburg/München 1987; G. Steiner, Von realer Gegenwart, München/Wien 1990.

KUNST DER GENÜGSAMKEIT

1 F. Schiller, Über das Pathetische, in: ders., Ges. Werke Bd. 5, Gütersloh 1975, 397.

2 W. Shakespeare, Hamlet, in: ders., Tragödien, Stuttgart 1974, 637.

3 Vgl. G. W. Leibniz, Die Theodizee, Hamburg 1968, § 21; G. W. Leibniz, Causa Dei, Berlin 1947, § 29 ff.

4 Origenes, in: A. Warkotsch, Antike Philosophie im Urteil der Kirchenväter, München/Paderborn/Wien 1973, 266

5 Dionysios der Große, in: A. Warkotsch (1973), 285.

6 A. Augustinus, Theologische Frühschriften, Zürich/Stuttgart 1962, 267.

7 A. Augustinus, Der Gottesstaat, München 1978, XI, 4.

8 G. Pico della Mirandola, Über die Würde des Menschen, Hamburg 1990, 5.

9 N. Kopernikus, Das neue Weltbild, Hamburg 1990, 137.

10 J. Kepler, Das Naturbild der heutigen Physik, Hamburg 1962, 50.

11 F. W. J. Schelling, Ausgewählte Schriften Bd. 4, Frankfurt/M. 1985, 129, 131.

12 F. Nietzsche, KSA Bd. 3, München/Berlin/New York 1980, 540.

13 Vgl. A. O. Lovejoy, Die große Kette der Wesen, Frankfurt/M. 1985.

14 Homer, Ilias, München 1977, VIII, 19 ff.

15 J. Donne, The Complete English Poems, Baltimore 1973, 276.

16 A. Pope, Versuch über den Menschen, in: Sämtliche Werke, Bd. 3, Strusburg 1779, 74.

17 J. Paul, Siebenkäs, in: ders., Werke 1, Gütersloh 1977, 641.

18 F. Nietzsche, KSA Bd. 3, 481.

19 J. Irwin, in: D. Brueton, Der Mond, München 1995, 345.

20 H. Blumenberg, Die Vollzähligkeit der Sterne, Frankfurt/M. 1997, 213.

21 Th. Nagel, Der Blick von nirgendwo, Frankfurt/M. 1992, S. 374–378.

22 M. Weber, Politik als Beruf, Berlin 1964, 59 f.

23 Vgl. zum Folgenden: Bazon Brock (Hg.), Die Macht des Alters. Strategien der Meisterschaft, Köln 1998.

24 M. Horkheimer, Kritische Theorie Bd. 1, Frankfurt/M. 1968, 168, 372.

25 N. Hartmann, Zur Grundlegung der Ontologie, Berlin 1965, 165.

26 S. Freud, Werkausgabe in zwei Bänden, Frankfurt/M. 1978, 375.

27 Vgl. hierzu Th. Mann, Buddenbrooks, Frankfurt/M. 1997, 655 ff.

ABBILDUNGSNACHWEIS

S. 31/33   Michelangelo Buonarroti, «Boboli-Sklaven»
            Florenz, Galeria dell'Accademia, © AKG, Berlin

S. 36   «Sterbender Gallier»
            pergamenisch, 3. Jh. v. Chr., © AKG, Berlin

S. 87   Christlicher Kosmos
            Cod. 2771, fol. 9 v.; Historienbild des Evert van
            Soudenbalch. Utrecht um 1460

S. 115   «Die Erde»
            National Aeronautics and Space Administration
            (NASA)

S. 119   «Der Adlernebel»
            Hale Observatories

S. 151   «Der Rosettanebel»
            Hale Observatories

S. 169   «Vollmond»
            Foto Puiseux, © AKG, Berlin

Alain Finkielkraut:
Verlust der Menschlichkeit

Versuch über das 20. Jahrhundert

Aus dem Französischen von Susanne Schaper
176 Seiten, gebunden, ISBN 3-608-91903-1

Die großen Visionen von Menschlichkeit und Menschheit wurden
im 20. Jahrhundert durch Doktrin und Terror in ihr Gegenteil
verkehrt, die Menschen wurden einem pervertierten Endzweck
geopfert. Und heute? Ist der globale Tourist der letzte Reflex auf
den »Verlust der Menschlichkeit«?

Die Visionen von Menschlichkeit und Menschheit haben Epochen
bestimmt, Generationen mitgerissen. Wie und warum konnten sie
in ihr Gegenteil verkehrt werden? Alain Finkielkraut entwirft
ihre Ideen-Geschichte, um seine These vom »Verlust der
Menschlichkeit« zu belegen. Das Grauen und das Entsetzen, das
die beiden Weltkriege, das Nationalsozialismus und Stalinismus
im 20. Jahrhundert verbreitet haben, entsprechen einander. Die
Ideen von Menschlichkeit und Menschheit – so die These von
Finkielkraut – können nicht unschuldig weiterverfolgt werden.

Klett-Cotta

Franz Josef Wetz:
Die Würde der Menschen ist antastbar
Eine Provokation
440 Seiten, gebunden, ISBN 3-608-91908-2

Heute hört man viel über die Würde der Natur, Würde der Tiere,
Würde des Sterbens. Die aktuellen Diskussionen über
Embryonenforschung, Humangenetik, Organtransplantation,
Abtreibung, Hirntod, Euthanasie, aber auch Homosexualität,
Drogen und Todesstrafe – alle kommen ohne Rückgriff auf die
Menschenwürde nicht mehr aus. Gerichte, Parteien, Verbände,
Organisationen und Einzelpersonen berufen sich darauf, wenn
sie der Biotechnik Grenzen ziehen, der Ethik Ziele vorgeben, dem
Gesetz Nachdruck verleihen und der Politik einen Auftrag
erteilen.
Aber wer kann auf Anhieb sagen, was Menschenwürde ist? Folgt
man der geistesgeschichtlichen und rechtsphilosophischen
Entwicklung dieses Begriffs bis hin zu parlamentarischen
Debatten und gerichtlichen Urteilen, dann wird schlagartig
deutlich, daß unter Menschenwürde immer eine dem Menschen
angeborene Eigenschaft verstanden wurde, deren Wert nur
metaphysisch begründbar ist.
Doch wie kann in unserem durch und durch säkularen Zeitalter
mit abnehmender Religiosität die menschliche Würde noch
begründet werden? Man kann die Menschenwürde nur retten,
wenn man sie auf den Boden der heutigen Realität zurückholt.
Was bleibt, ist der konkrete Auftrag, menschenwürdige
Verhältnisse zu schaffen.

»Franz Josef Wetz bringt kategoriales Licht in das argumentative
Durcheinander um die unterschiedlichsten ethischen und
philosophischen Definitionen von menschlicher »Wesenswürde«.
Er tut dies mit der Kompetenz analytischer Unaufgeregtheit und
stilistischer Klarheit, die man sich von einem wissenschaftlichen
Standardwerk wünscht.«
Richard Herzinger / Die Zeit

Klett-Cotta